견고하며
흔들리지 말며

프랜 쇼카
"걸어가도 피곤치 아니하며"의 저자

네비게이토 출판사

네비게이토 선교회는
국제적이며 복음적인 기독교 기관이다.
예수 그리스도께서는 자기를 따르는 자들에게
"너희는 가서 모든 족속으로 제자를 삼으라"
(마태복음 28:19)는 지상사명을 주셨다.
네비게이토 선교회는 세계 모든 국가에서
예수 그리스도의 일꾼들을 배가시켜
이 지상사명의 성취를 돕는 것을
근본 목표로 하고 있다.

네비게이토 출판사는
네비게이토 선교회의 문서 선교를 담당하고 있다.
본 출판사에서는 그리스도인의 영적 성장을 돕는
서적과 자료들을 출판하여,
그리스도인의 삶의 기초가 견고한
헌신된 제자로 성장하게 하고,
나아가 성숙한 인격과 지도력을 갖춘
일꾼이 되도록 돕고 있다.

TO STAND AND NOT BE MOVED

Fran Sciacca

Translated by permission
Title originally published in English as
TO STAND AND NOT BE MOVED
by NavPress, a ministry of The Navigators.
ⓒ1997 by Fran Sciacca
Korean Copyright ⓒ1999
by Korea NavPress

차례

서론 ·· 7
1. 하와 - 감사하는 마음의 필요성 ··················· 9
2. 에스라 - 성경을 아는 것은 하나님을 아는 것 ······· 17
3. 아브라함 - 외국인과 나그네로 사는 삶 ············ 23
4. 에스더 - 생의 목적과 수단의 구별 ················· 31
5. 에서 - 망령된 행실을 피함 ························ 37
6. 우물가의 여인 - 일대일 사역 ····················· 43
7. 요나단 - 하나님 중심의 우정 ····················· 49
8. 마르다 - 우선 순위에 충실함 ····················· 55
9. 나단 - 사랑 가운데 참된 것을 말함 ··············· 63
10. 바울 - 양심에 거리낌이 없는 삶 ················· 71
11. 요셉 - 성적 유혹에 대한 대처 ··················· 79
12. 다니엘 - 위기 상황에서도 믿음을 지킴 ··········· 87

서론

하나님께서는 우리가 깊이 있는 헌신의 삶을 살기를 원하고 계시는데, 왜 우리는 변죽만 울리는 삶을 살며, 영적으로 제자리걸음 상태에 있어도 그냥 만족하며 지낼까요? 왜 머리로는 영원한 것을 최우선 순위에 두면서도, 실제 시간 사용을 보면 몇 주만 지나도 별 의미가 없게 될 일들에 시간과 노력의 대부분을 허비하고 있을까요? 하나님과 마음을 나누는 진정한 교제 없이도 여러 날을 지낼 수 있는 것은 무엇 때문일까요? 단도직입적으로 말하자면, 우리는 우리가 믿는다고 말하는 것을 진정으로 믿고 있는 것일까요? 다시 말해서, 주님을 알고 주님을 사랑하는 사람들에게 예수님께서는 어떻게 살아야 할지 이미 본을 보여 주셨는데, 우리는 예수님과 같은 삶을 사는 법을 과연 알고 있기나 하는 것일까요?

이런 질문들에 대해 우리는 깊이 묵상하고 심사숙고 해보아야 합니다. 만약 그렇게 하지 않는다면 하나님과 동행하는 우리의 삶은 단지 시늉에 불과할 것입니다. 어느 시점에선가 우리는 잠시 멈추어 서서 다음과 같이 말할 필요가 있습니다. "나는 말로는 하나님을 알기 원한다고 하면서 실제 삶에서는 하나님께서 말씀을 통해 보여 주시는 것을 무시하는, 위선적인 태도를 취할 수는 없어. 내 관심을 끄는 수많은 것들이 여기저기에 널려 있는 이 세상에서 마치 아무것에도 얽매이지 않는 나그네처럼 산다는 것은 참으로 어려워. 그런 삶은, 난 단지 이 세상에 잠시 있다가 가는 존재일 뿐이라는 사실을 하나님께서 선명하게 깨우쳐 주실 때에만 가능한 일이야."

본 성경공부는 우리의 믿음의 삶을 근본적으로 돌아보며 더욱 깊이 있는 믿음의 삶을 살 수 있도록 돕기 위해 만들었습니다. 세상에 속한 한 사람 한 사람에게 우리는 어떻게 그리스도의 영향력을 미치는 삶을 살 수 있을까요? 어떻게 하면 우리는 충성과 정직과 사랑과 책임감이 넘치는, 깊이 있고 영적인 친구 관계를 형성할 수 있을까요? 어떻게 하면 의무감을 따라 시늉만 내는 삶이 아니라 진정으로 경건한 삶을 살 수 있을까요? 어떻게 하면 하나님께 감사하며 하나님을 경외하고 하나님의 임재를 경험하는 삶을 지속할 수 있을까요?

이런 질문들은 우리가 가진 믿음을 삶 속에서 진지하게 표현할 것을 요구합니다. 성경에서는 믿음이 단지 머릿속으로 동의하는 것이라고 말하지는 않습니다. 믿음은 반드시 삶의 각 영역에서 행동으로 드러나야 한다고 말합니다(야고보서 2:14-26).

여러 가지 면에서 이것은 예수 그리스도의 제자가 되려는 사람에게 가장 어려운 과제임에 틀림이 없습니다. 언뜻 보기에 오늘날 우리는 발전에 발전을 거듭하고 있는 문명의 혜택들을 누리고 있는 것처럼 보입니다. 그러나, 실제로는 진보적이고, 현대적이고, 효과적인 것처럼 보이는 것들이 우리의 영혼을 위협하는 방해 요소가 되기도 합니다. 물질주의, 쾌락주의, 도덕적 타락이 난무하고 있으며, 이는 하나님을 믿는다는 사람들 사이에서도 발견되고 있습니다. 그러나 이러한 가치관과 도덕의 혼란 가운데서도, 우리 주님께서는 우리에게 용기 있고 견고하며 헌신된 삶을 살라고 말씀하고 계십니다. 주님 안에 굳게 서서 흔들리지 말라고 하십니다. "내 사랑하는 형제들아, 견고하며 흔들리지 말며 항상 주의 일이 더욱 힘쓰는 자들이 되라"(고린도전서 15:58).

1. 하와

- 감사하는 마음의 필요성 -

원리

하나님께 감사하는 마음을 갖지 못하면 진정으로 중요한 것을 잃게 됩니다. 하나님께 감사하지 못할 때 우리는 쉽사리 사탄의 먹이가 될 수 있습니다.

> 하나님을 향한 인간의 반역은, 예나 지금이나, 감사치 않는 마음에서 비롯된다.
> — F. 쉐퍼

관찰

성경 전체를 통해 하와의 이름은 네 차례밖에 나오지 않지만, 하와의 삶은 우리의 선택이 얼마나 엄청난 결과를 낳는가를 보여 주는 예로 영원히 남을 것입니다. 여인과 뱀과 선악과에 대한 이야기는 그 해결책인 예수 그리스도의 성육신, 죽음, 부활과 더불어 많은 사람들에게 잘 알려져 있습니다.

그러나 왜 하와가 하나님께 불순종하며 파멸로 치닫는 선택을 하였는지 그 시작점을 제대로 이해하고 있는 사람은 그리 많지 않은 것 같습니다. 또한, 하와의 예를 통해 현재의 우리가 배울 수 있는 것이 무엇인지를 제대로 아는 사람도 드뭅니다. 많은 경우 사탄이 가장 집중적으로 우리를 공격하는 때는, 우리가 죄를 실제로 선택하기 전, 그러니까 선택의

갈림길에 서 있을 때입니다. 그때가 전략적으로 가장 효과적이기 때문입니다. 사탄은 집중 공격을 통해 우리의 눈을 우리가 현재 가지고 있는 것에서 현재 가지고 있지 않은 것으로 돌려놓습니다.

성경 구절

창세기 3장

질문

1. 창세기 3:1을 보면, 뱀(사탄)에 대하여 "가장 간교하다"라고 묘사하고 나서, 바로 이어 하와에게 하는 뱀의 첫 질문이 나옵니다. 사탄에 대한 이 같은 묘사를 염두에 둘 때, 이 첫 질문에 담긴 사탄의 "목적"은 무엇이라고 할 수 있겠습니까?

2. 하와가 받은 유혹은, 많은 사람들이 생각하는 것과는 달리 3:4-6에 가서야 처음으로 일어난 것이 아닙니다. 진짜 유혹은 이미 3:1-2에서 일어났다고 할 수 있습니다. 다음 질문에 답해 보십시오.

    (1) 하나님의 동산에는 얼마나 많은 "종류"의 열매 맺는 나무가 있었습니까? 그리고 각각의 나무와 연관된 하나님의 "명령"은 무엇이었습니까? 창세기 2:9,16-17 참조.

    (2) 사탄은 하와에게, 하나님께서 얼마나 많은 "종류"의 나무를 먹지 말라고 하시더냐고 물었습니까? 이 질문에 담긴 사탄의 간교함은 어떤 것입니까? 창세기 3:1 참조.

(3) 하와의 대답을 통해 볼 때, 하와의 관심의 초점은 어떻게 바뀌었습니까? 창세기 3:2-3 참조.

(4) 이제 문항 (1)의 답을 살펴보십시오. 사탄은 이 간교한 질문 하나를 통해 하와의 마음을 어떻게 만들어 놓는 데 성공했습니까?

3. 성경에서 하와에 대하여 언급하고 있는 사람은 사도 바울이 유일합니다. 고린도후서 11:3에서는 하와가 사탄의 간계에 "미혹되었다"고 말합니다. 이와 같은 바울의 표현이 당신이 위에서 하와에 대하여 발견한 것과 일치합니까? 그렇다면(또는 그렇지 않다면) 그 이유는 무엇입니까? (주: 고린도후서 11:3의 "떠나 부패할까"라는 말의 헬라어 단어는 아주 강한 의미를 가지고 있습니다. 사실 고린도전서 3:17에서는 같은 헬라어 단어를 "더럽히다," "멸하다"라고 표현합니다. 이 표현들이 의미하는 바는 단지 길에서 약간 벗어났다는 정도가 아닙니다. 사탄이 하와에게 행한 것은 바로 사탄이 모든 신자들에게 행하려고 하는 것이기도 한데, 즉 빼앗고, 죽이고, 멸망시키려는 것입니다.)

4. 로마서 1:21-32에서 바울은 인간이 하나님을 떠나 멸망으로 떨어지는 과정을 생생하게 그리고 있습니다. 이 과정에서 첫 단계는 21절에 언급되어 있습니다. 첫 단계에 해당하는 것들은 무엇입니까? 당신은 이 각각의 항목에 어떤 것이 포함된다고 생각합니까?

5. 지금까지 공부한 것을 기초로 하여, 다음 질문에 대해 깊이 생각한 다음 대답해 보십시오.

   (1) 감사치 않는다는 것은 무엇입니까?

   (2) 감사치 않는 마음이 당신의 삶에 미치는 주된 영향에는 무엇이 있을 수 있겠습니까?

   (3) 왜 사탄은 감사치 않는 마음을 이용합니까?

   (4) 사탄의 유혹을 받은 하와는 죄악 된 결정을 하였는데, 이 과정에서 감사치 않는 마음은 어떤 역할을 했습니까?

6. 바울은 그의 서신서에서 "감사"하는 것에 대하여 여러 가지 방법으로 거의 50회 가까이 언급했습니다. 거의 대부분의 경우에 그는 말로 감사의 표현을 하는 것에 대하여 말했습니다. 감사의 말을 실제로 하는 것이 우리의 관심의 초점에 어떤 영향을 미칠 것이라고 생각합니까? (주: 바울이 감사에 대하여 언급한 것 가운데 거의 반 정도가 고린도전·후서에 나옵니다. 바울은 이 편지에서 하와의 예를 절대로 따르지 말라고 경계하고 있다는 사실을 주목하십시오.)

7. 빌립보서 4:11-13에서 바울은 여러 경험을 통해 배운 "비결"에 대하여 언급합니다. 그 비결은 무엇이며, 이 비결이 감사하는 태도와 어떤 연관이 있다고 생각합니까?

8. 감사하는 태도에 대한 자신의 점수를 매겨 보십시오(1에서 10까지 점수를 주되, 아주 적으면 1점, 아주 많으면 10점을 주십시오). 또한, 만족하는 태도에 대해서도 점수를 매겨 보십시오(마찬가지로 1은 만족함이 하나도 없는 경우이고, 10은 매우 만족하는 경우로 하십시오). 그리고 나서 자신에게 그 점수를 준 이유에 대하여 나름대로 간략히 설명해 보십시오.

9. 이제 잠시 시간을 내어 당신의 삶을 돌아보십시오. "선악과"에 해당하는 칸에는 당신이 "갖고 있지 않은 것" 중 종종 당신이 "갖고 있는 것"보다 더 관심을 갖게 하는 것을 기록하십시오. 그리고 "동산 나무의 모든 실과"라고 한 칸에는 당신이 감사하고 있는 것 몇 가지를 기록해 보십시오. 사람이나 사물을 적을 수도 있고, 영적인 것이나 물질적인 것을 기록해도 좋습니다.

"선악과"	"동산 나무의 모든 실과"

10. 질문 9의 답을 다시 돌아보십시오. 감사의 표현을 더욱 많이 해야 할 영역 두 가지를 고르십시오. 또한 언급을 점차 줄여 당신의 관심의 초점을 다른 곳으로 돌려야 할 영역 두 가지를 고르십시오.

11. 이 과를 공부하면서 알게 된 당신의 관심의 초점에 대하여 함께 나눌 수 있는 사람을 생각해 보고 그 이름을 기록한 다음, 그 사람에게 이것을 언제 나눌 것인지 구체적인 시간도 적으십시오. 그리고 그 사람에게, 당신이 감사할 것에 대해서는 마땅히 감사하는 말을 하고, 감사치 못하는 태도에서는 돌이킬 수 있도록 지적해 달라고 도움을 청하십시오.

성경 암송

감사의 중요성 - 시편 100:4
지속적인 감사 - 데살로니가전서 5:18

추가 적용

1. 찬송을 부르는 것과 감사하는 마음을 계발하는 것은 매우 밀접한 연관이 있습니다. 시편만 통해서 보더라도 찬양과 감사의 마음으로 노래하는 구절이 130개 정도나 됩니다. 다윗은 "내가 여호와의 의를 따라 감사함이여. 지극히 높으신 여호와의 이름을 찬양하리로다" (시편 7:17)라고 노래했는데, 이는 감사와 찬양을 잘 연결한 것이었

습니다. 찬송가나 복음성가 중에서 당신의 관심의 초점을 감사하는 쪽으로 바꾸어 줄 노래를 찾아 부르거나 들어 보기 바랍니다.

2. 성경 전체를 통하여 사탄의 말이 기록된 경우는 세 차례밖에 되지 않습니다! 물론 그중 하나는 방금 공부한 부분에 나오는 하와를 만난 경우입니다. 다른 두 가지는 욥에 대하여 하나님과 이야기할 때(욥기 1-2장)와 광야에서 예수님을 시험할 때(마태복음 4장, 누가복음 4장)입니다. 의인에 대한 사탄의 다른 두 공격을 시간을 내어 공부한 후에 사탄의 "간교함"이 각 경우에 어떻게 비슷하며 어떻게 다른지 살펴보십시오.

2. 에스라

- 성경을 아는 것은 하나님을 아는 것 -

원리

하나님의 말씀을 잘 모르는 사람은 결국 하나님도 잘 모르게 됩니다. 하나님을 친밀하게 알아 가기 위해서는 하나님께서 자신에 대하여 말씀하여 주신 것에 대하여 잘 알아야 합니다.

> 성경은 마치 안경과 같아서 모든 희미한 것을 몰아내고 하나님을 선명하게 볼 수 있도록 해준다.   - 칼빈

관찰

예수님께서 이땅에 오시기 몇 세기 전 역사에 등장한, 세 명의 유명한 사상가로 흔히들 인도의 석가, 중국의 공자, 그리스의 소크라테스를 꼽습니다. 대부분의 사람들은 이들의 이름을 들으면 누구인지 금새 압니다. 그러나, 동시대에 바벨론에 잘 알려지지 않은 한 유대 학자가 있었는데, 그는 매우 중요한 영적 유산과 본을 후세에 남기는 삶을 살았습니다. 그는 바로 스라야의 아들인 에스라였습니다.

바벨론으로 추방당한 지 70년이 지났기 때문에 하나님께서는 자기 백성들의 일부를 예루살렘으로 돌아오게 하셔서 황폐한 성을 재건하고 새로운 삶을 시작하도록 하셨습니다. 에스라는 2차 귀환 대열에 함께하였습니다. 그가 예루살렘에 도착했을 때, 먼저 귀환한 유대인들은 성전은

재건하였지만 영적으로는 혼란 상태에 있다는 것을 알게 되었습니다. 에스라는 하나님의 말씀을 잘 알고 있었고 그 말씀에 헌신된 삶을 살았기 때문에 백성들의 영적 부흥과 개혁을 감당할 수 있었습니다. 그는 세상의 필요가 새로운 사상이나 사상가가 아님을 삶으로 보여 주었습니다. 정말 필요한 것은 하나님의 생각과 하나님의 말씀에 주의하는 것이었습니다.

성경 구절

앉은자리에서 에스라서를 한 번에 다 읽으십시오. 그리고 나서 7-10장을 다시 읽으십시오.

질문

1. 7:6과 7:9에서 에스라에 대하여 하나님의 도우심을 입었다고 거듭 기록하고 있습니다. 에스라는 실제로 어떤 도우심을 입었습니까?

2. 에스라 7:9-10은 에스라의 삶과 성품에 대한 놀라운 이력서(履歷書)입니다. 9절과 10절은 서로 어떤 관계에 있다고 생각합니까? 설명해 보십시오.

7:10에서 에스라는 세 가지 일을 하기로 결심하였습니다. 하나님의 말씀에 대하여 에스라는 어떤 일을 하기로 하였습니까?

    하나님의 말씀을 _____
    하나님의 말씀을 _____
    하나님의 말씀을 _____

에스라가 헌신한 세 가지 일의 실제적인 순서에도 상당히 중요한 의미가 있습니다. 그 순서는 무엇입니까? 그리고 그 순서는 왜 중요합니까? (다른 말로 하면, 만약 순서가 뒤바뀌면 어떤 일이 일어납니까?)

3. 다음 구절들을 찾아 살펴본 후에 각 구절에서 하나님의 말씀을 잘 아는 것의 축복에 대하여 어떻게 말하고 있는지 간단하게 기록해 보십시오.

로마서 15:4

사도행전 17:11

시편 119:45(요한복음 8:32 참조)

시편 119:11

시편 119:98

마태복음 4:1-4

히브리서 4:12

신명기 32:46-47

4. 예레미야 15:16과 누가복음 24:32을 찾아보십시오. 이 구절들은 그리스도인이 성경 말씀에 대하여 어떤 태도를 가져야 할지에 대하여 말하고 있습니다. 이 구절이 현재 당신의 마음 상태를 정확하게 표현하고 있다고 생각합니까? 설명해 보십시오.

5. 하나님의 말씀을 알고자 할 때 우리의 근본 목표는 무엇이 되어야 합니까? 예레미야 9:23-24

성경을 읽지 않으려 하는 데는 여러 가지 동기가 있는데, 거기에는 마음 깊이 뭔가 반항적인 면이 들어 있습니다. 폴 하비는 "인간이 성경을 거부하는 이유는 성경이 모순되어서가 아니라 자신의 생각과 다르기 때문이다"라고 말합니다. 성경은 하나님의 생각과 뜻을 표현하고 있습니다. 하나님의 뜻은 당신의 뜻에 어떤 영향을 미쳐야 합니까?

6. J. I. 패커는 "하나님 알기를 포기하는 것은, 마치 눈이 멀어 부딪치고 넘어지는 사람처럼 아무런 방향 감각도 없고 주위에 무엇이 있는지도 잘 모르는 상태에 당신을 빠뜨리는 것과 같다"라고 말합니다. 하나님의 말씀을 공부하고 알아 갈 때 하나님께서는 어떤 식으로 당신이 방향 감각을 갖도록 해주십니까?

7. 하나님의 말씀을 통해 하나님과의 관계를 더욱 발전시키거나 아니면 현재 부족한 부분을 채우기 위해, 당신이 오늘부터 바로 실행할 수 있는 행동에는 무엇이 있습니까?

성경 암송

하나님의 말씀을 아는 일의 중요성 - 시편 119:9,11
하나님의 말씀을 아는 목적 - 요한복음 5:39-40

추가 적용

시편 119편의 176구절 모두는 하나님의 말씀에 대하여 언급하고 있습니다. 이 시편은 모두 스물두 부분으로 나뉘어 있는데, 각 부분은 여덟 구절로 이루어져 있습니다. 하루에 한 부분씩 22일 동안 읽으십시오. 읽으면서 하나님께서는 하나님의 말씀에 대하여 어떻게 말씀하시는지를 주의 깊게 살펴보십시오. 이 시편에는 또한 성경 암송에 좋은 구절이 많이 있습니다.

3. 아브라함

- 외국인과 나그네로 사는 삶 -

원리

우리가 현재 살고 있는 세상과 우리 자신과의 관계를 어떤 시야로 바라보느냐는 아마도 그리스도인 생활의 각 영역에 가장 큰 영향을 미치는 요소일 것입니다. 우리는 이땅에서 "외국인과 나그네"(히브리서 11:13)입니다. 당신은 이 세상에서 외국인과 나그네로서 살아가고 있습니까? 우리는 이 세상에서 자신의 신분과 역할이 무엇인지를 진지하게 생각해 보아야 합니다.

> 세상은 하나의 다리다. 지혜로운 사람은 그 다리를 건너갈 뿐, 그 위에 자기의 보금자리를 만들지는 않는다.   - W. 바클레이

관찰

약 4,000년 전 페르시아만 근처에 살던 한 사람이 고향을 떠나 수백 킬로미터에 이르는 여행을 시작했습니다. 하나님께서 그에게 명령을 내리셨기 때문입니다. 하나님께서는 다시금 떠나라는 명령을 하셨습니다. 반대쪽으로 수백 킬로미터를 가야 하는 길이었습니다! 아브라함은 가나안 땅을 향한 이 두 번째 여행을 시작할 때 75세였습니다. 그로부터 약 100년 후에 아브라함은 한 가지를 제외하고는 하나님의 약속이 성취되는 것을 보지 못하고 눈을 감았습니다. 그 한 가지는 바로 이삭이었습니다.

아브라함과 그의 아내 사라가 아이를 갖기에는 너무 늙었다고 생각될 때 하나님께서 주신 아들입니다. 이 아들을 통해 이스라엘 민족이 나왔습니다.

아브라함이라는 이름은 "믿음"이란 말과 동의어가 되었습니다. 유대인에게나 그리스도인에게나 아브라함은 하나님을 알고 믿는 삶의 좋은 본을 보여 주었습니다. 실제로, 성경에는 그의 이름이 300여 차례 이상 언급되었고, 신약에서만 75회 가까이 나옵니다! 그러나 아브라함의 삶은 하나님과 올바른 관계를 맺는 것이 무엇인지를 보여 주는 본보기 이상의 의미가 있습니다. 하나님과의 관계가 이 세상의 삶 속에 어떻게 드러나야 하는지를 선명하게 그려 주고 있기 때문입니다.

성경 구절

창세기 11:27-12:8, 히브리서 11:1-17

질문

1. 창세기 23:1-4에서 아브라함은 자기 자신을 어떻게 묘사하고 있는지 살펴보십시오. 또한, 사도행전 7:5과 히브리서 11:9에서 다른 사람들은 그를 어떻게 묘사하고 있는지 살펴보십시오. 성경의 이런 표현들이 어떤 의미가 있는지를 당신 자신의 말로 기록하여 보십시오.

2. 베드로는 자기의 편지를 받는 형제들을 "나그네"라 부르고 있습니다. 다음 구절들에서 "나그네"는 어떤 삶을 살아야 합니까?

   베드로전서 1:17

   베드로전서 2:11

3. 히브리서 11:13-16은 우리 자신을 이 세상에서 "나그네"로 바라볼 수 있도록 도와줍니다. 우리는 이 세상에 잠시 있다가 가는 존재입니다. 우리는 특이한 영적 여행을 하고 있기 때문입니다. 이 구절을 통하여 하나님을 믿는 당신이 이 세상에서 가지는 신분에 더 첨가할 수 있는 것은 무엇입니까?

4. 히브리서 11:13에 나오는 "증거하였다"는 말에는 공개적으로 어떤 사실을 인정하였다는 의미가 담겨 있습니다. 이들 믿는 자들이 공개적으로 인정했던 것은 무엇이며, 이렇게 하는 것이 왜 중요합니까?

5. 예수님께서는 우리가 이 세상에서 나그네라는 사실을 강조하여 가르치셨습니다. 최후의 만찬 이후에 예수님께서는 열한 명의 제자들에게 그들이 이 세상에서 나그네로 사는 것이 무엇을 의미하며, 또 어떤 값을 치러야 하는지에 대하여 가르치셨습니다. 다음 구절을 살펴보고 예수님의 가르침을 통해 당신이 배울 수 있는 교훈을 기록해 보십시오. 각 구절에 대한 대답은 "나그네는"이라는 말로 시작하십시오.

요한복음 15:19 — 나그네는…

요한복음 15:20 — 나그네는…

요한복음 15:21 — 나그네는…

요한복음 17:14,16 — 나그네는…

요한복음 17:15 — 나그네는…

요한복음 17:17 — 나그네는…

요한복음 17:18 — 나그네는…

요한복음 17:23 — 나그네는…

6. 자신이 나그네 신분임을 기억할 때, 당신은 다음 각 구절의 요점이 무엇이라고 생각합니까?

   히브리서 11:15

   히브리서 11:14,16

   히브리서 11:13

   로마서 12:2

   고린도후서 5:20

   빌립보서 3:20

7. 이와는 대조적으로 "일락"을 추구하는 그리스도인은 이 세상의 즐거움을 될 수 있는 한 많이 누리려는 사람들입니다. 이들은 이 세상에 잠깐 방문했으며 진정한 본향은 다른 곳에 있다는 사실을 잊은 사람들입니다. 당신의 생활 영역 가운데 열 가지를 다음에 소개했습니다. 각 영역에 대하여 당신의 현재 모습을 잘 드러내어 주는 것이 무엇인지 선택해 보십시오.

	일락을 추구함	나그네로 삶
하나님과의 관계	☐	☐
하나님 말씀에 대한 순종	☐	☐
속사람의 성장	☐	☐
재물 축적	☐	☐
소유물의 사용	☐	☐
시간 사용	☐	☐
돈의 사용	☐	☐
사람들과의 관계	☐	☐
"남기고 싶은 것들"	☐	☐
몸이나 건강에 대한 생각	☐	☐

8. 하나님께서는 하나님의 말씀에 순종한 아브라함을 외국인과 나그네로 사는 환경으로 인도하셨습니다. 자기를 따르는 자들에게 원하시는 하나님의 뜻은 4,000년 전이나 지금이나 다르지 않습니다. 예수님께서는 돌아가시기 전에 제자들에게 이에 대하여 명백히 말씀하셨습니다. 문제 7에 대한 당신의 답을 놓고 기도해 보십시오. 당신의 시야가 변화되어야 할 영역을 한두 개 택하십시오. 언제 어디서 이런 변화를 시작하며 어떻게 지속할 수 있는지에 대하여 생각해 보고 당신의 결심을 기록해 보십시오.

9. 하나님 앞에 무릎을 꿇고 기도하는 시간을 마련하십시오. 당신이 일락을 추구하며 살았던 영역에 대하여 자백하는 기도를 하십시오. 그리고, 이 세상에서 나그네로 살 수 있게 해달라고 기도하십시오. 또한, 이 세상에서 나그네로 살아가는 삶에 함께 동행할 수 있는 사람을 적어도 한 명 이상 인도해 달라고 기도하십시오.

성경 암송

나그네의 시야 - 히브리서 11:13-16
나그네의 의무 - 요한일서 2:15-17

추가 적용

히브리서 11장은 참된 성서적 믿음과 나그네인 우리의 신분을 잘 연결시켜 주고 있습니다. 당신의 신분을 나그네로 여긴다는 것이 무엇이며 어떻게 실제 삶에서 이 신분을 따라 살 수 있는지에 대해 좀더 알기 위하여, 히브리서 11장을 자세히 읽으면서 "믿음으로"라는 말이 나오면 이를 "나그네로서"라는 말로 바꾸어 보십시오.

4. 에스더

- 생의 목적과 수단의 구별 -

원리

헌신된 그리스도인의 삶은 필연적으로 하나님의 목적과 깊이 결부되어 있습니다. 우리는 반드시 우리 앞에 놓인 환경 속에 영적 기회가 담겨 있지 않은가를 깨어 살필 줄 알아야 합니다. 우리의 삶은 그 자체가 목적이 아니라 하나님의 일을 위한 도구입니다.

> 삶은 하나의 사명(使命)이다. 삶에 대한 다른 정의는 모두 잘못된 것이며, 이를 받아들이는 사람은 모두 곁길로 빠질 뿐이다.
> - G. 마치니

관찰

예레미야의 경고대로 이루어지면서 주전 6세기경 예루살렘은 훼파되고 대부분의 거주자는 바벨론으로 옮겨졌습니다. 70년간의 이주 생활 동안 유대인들은 여러 나라의 흥망에 따른 불안정한 정세에 대해 계속 듣게 되었습니다. 유대인들은 바사가 그들의 정복자인 바벨론을 몰아내는 것을 지켜보았습니다. 바사왕 고레스가 유대인들에게 예루살렘으로 돌아가 새로운 삶을 시작하며, 유대 민족의 중심인 예루살렘 성전을 재건하라는 명을 내렸을 때 그들은 틀림없이 크게 놀라며 기뻐했을 것입니다. 에스더는 유대인들의 첫 번째 예루살렘 귀환과 두 번째 귀환(이에 대해서는 에스라에 기록되어 있습니다) 사이에 일어난 이야기를 기록하고 있습니다. 바사의 수도인 수산에 살던 한 아름다운 여인이 삶 속에서 극적인 변화를 경험하게 되었습니다. 고아에 불과했던 그녀가 당시 지구상에서 가장 강력했던 왕국의 왕비가 된 것입니다! 동화(童話)에 나오는 모든 요소가 다 담겨 있었습니다. 단 한 가지만 빼고 말입니다. 바로 꾸민 이야기가가 아니라 실제였다는 것입니다!

에스더는 성경에 나타난 하나님을 사랑하고 섬기는 사람에게는 우연히 일어나는 일이란 없으며, 어떤 선택을 하느냐가 중요하다는 것을 배웠습니다.

성경 구절

에스더서를 앉은자리에서 한 번에 다 읽으십시오.

질문

1. 에스더에 대하여 다음 구절에서 발견할 수 있는 것은 무엇입니까?
   에스더 2:10,15,20

   하나님을 사랑하는 사람의 삶에서 이런 특성이 왜 중요한 의미를 갖게 됩니까?

2. 에스더 전체는 4:14에서 모르드개가 한 말을 전환점으로 하여 분위기가 바뀌게 되는데, 그가 말하고자 하는 바는 무엇입니까?

만약 모르드개의 말이 옳다면, 2:8-17에 일어난 사건 속에 담긴 하나님의 목적은 무엇입니까? 설명해 보십시오.

3. 모르드개는 에스더가 삶의 목적과 수단을 혼동하지 않기를 원했습니다. 왜 이것은 시대를 초월해서 언제나 유익한 조언이라고 생각합니까?

4. 다음에 소개하는 다섯 성경 구절을 살펴보십시오. 각 구절 아래에 하나님께서 진정으로 성취하기를 원하셨던 것("목적")과 이를 실행하였던 방법("수단")에 대하여 기록해 보십시오.

목적	수단
창세기 41:39-41, 42:1-2	창세기 37:12-13,23,28
사무엘상 17:26, 17:40-18:2	사무엘상 17:17-19
마태복음 2:1-6	누가복음 2:1-5
요한복음 4:28-30,39-42	요한복음 4:4-7
사도행전 6:12-15, 7:54-8:1	사도행전 6:1-5

5. 문제 4에 소개된 하나님의 목적과 수단에 대해 생각해 보십시오. 전체적인 하나님의 계획에 속한 한 개인으로 당신을 바라볼 때, 당신의 삶에 적용할 수 있는 진리는 무엇입니까?

6. 어떤 이들은 에스더서에 바사 왕에 대해서는 거의 200차례나 언급되지만 하나님의 이름은 한 번도 나오지 않기 때문에 에스더서가 성경에 있는 것에 대해 의아하게 생각하기도 합니다. 시편 77:19을 살펴보십시오. 에스더에 이 구절의 진리가 어떻게 드러나 있습니까?

7. 구약에서 "길"이라는 말은 "여정, 행로, 또는 삶의 방식"을 뜻할 때가 있습니다. 아래 두 구절에서 하나님의 "길"이라는 말에 담긴 이중적(二重的) 의미는 무엇입니까?

    이사야 55:8-9(시편 103:7 참조)

8. 지금 바로 시간을 내어 당신의 지위, 직업, 거주지, 재정 상태, 인간 관계 등과 연관한 당신의 "상황"을 생각해 보십시오. 당신이 현재 처한 상황이 하나님께서 당신을 그 상황에 "두셨기" 때문입니까? 아니면 단지 하나님께서 당신이 하는 대로 내버려두셨기 때문입니까? 설명해 보십시오.

당신이 현재 처한 상황에서 당신은 하나님께 어떤 가치 또는 쓸모가 있습니까?

과거에 당신이 "에스더"가 될 수 있는 기회가 있었는데, 이를 놓치거나 혹은 무시한 경우가 있었습니까? 설명해 보십시오.

과거에 당신이 "에스더"가 될 수 있는 기회가 있었는데, 이를 놓치지 않고 하나님께 올바로 반응했던 경우가 있었습니까? 설명해 보십시오.

지금 당신이 "에스더"가 될 수 있는 상황이 있습니까? 설명해 보십시오.

9. 당신은 자신의 현재 신분, 현재 처한 상황, 그리고 현재 하고 있는 일을 "목적"으로 생각하는 편입니까, "수단"으로 생각하는 편입니까? 만약 목적으로 생각해 왔다면, 그 목적은 무엇인지 설명해 보십시오. 만약 수단으로 생각해 왔다면, 원래 목적은 무엇인지 설명해 보십시오.

10. 당신의 삶을 하나님의 목적을 이루는 일에 드리기로 다시 결심하는 시간을 가지십시오. 지금까지 걸어온 인생 여정에서 하나님의 발자취를 볼 수 있는 통찰력을 주시도록 하나님께 기도하십시오. 당신의 삶 속에서 "목적"과 "수단"을 혼동한 적이 있다면, 이에 대하여 하나님께 용서를 구하는 시간도 가져 보십시오. 당신의 현재 상태와 마음의 동기를 모두 표현하는 기도문을 주의 깊게 기록해 보고, 기도한 날짜를 적으십시오.

성경 암송

하나님의 계획 - 이사야 55:8-9
삶에 대한 올바른 관점 - 창세기 50:18-20

추가 적용

당신의 삶을 뒤돌아보십시오. 하나님의 "발자취"를 제대로 볼 수 있게 된 상황은 얼마나 됩니까? 이 상황 가운데 하나를 택하여 그 상황과 연관이 있었던 사람을 만나 보십시오. 그 상황이 일어났던 기간 동안 하나님께서 하신 일에 대하여 감사하고 있다는 말을 그 사람에게 하십시오. 당신의 삶에서 목적과 수단을 분별하는 능력을 키우도록 노력하십시오.

5. 에서

- 망령된 행실을 피함 -

원리

믿는 자가 범할 수 있는 심각한 죄악 중에 하나는, 의식적이든 무의식적이든 하나님이 필요하지 않다는 태도를 취하는 것입니다. 우리가 입으로는 "영적인" 것을 말한다 하더라도 마치 하나님께서 살아 계시지 않는 것처럼 행동한다면, 그것은 하나님을 무시하는 것과 같으며, 일종의 교묘한 영적 속임수입니다.

> 정말 큰 죄는 우상 숭배나 주술만이 아니라 예수 그리스도를 주님으로 인정치 않는, 숨겨 놓은 왕국이다.   - L. 비치

관찰

아브라함은 죽기 전에 두 명의 손자를 보았습니다. 쌍둥이 형제였는데 야곱과 에서로 널리 알려져 있습니다. 그러나, 두 사람이 함께 거론될 때에는 언제나 동생인 야곱의 이름이 먼저 나온다는 사실은 대부분의 사람이 주목하지 않고 그냥 지나칩니다(여호수아 24:4, 히브리서 11:20 참조).

어느 날 에서는 간단하면서도 즉흥적인 한 가지 선택을 했습니다. 그런데 이 선택은 그의 일생 전체를 통해서 한 어떤 행동보다도 더 선명하게 하나님께 대한 그의 태도를 드러내어 주었습니다. 에서의 결정적인

잘못은 바로 하나님을 잊어버린 것이었습니다. 성경에서는 이 한 가지 행동이 마음속에 교묘하게 숨겨진 태도를 드러낸다고 말합니다. 그리고 이런 태도는 그리스도를 따르는 제자의 삶에 미치는 파괴력이 엄청나기 때문에 아주 조심할 것을 경고합니다.

성경 구절

창세기 25:19-34

질문

1. 창세기 12:1-2, 13:14-16, 18:16-19, 22:1-18, 26:1-5을 읽어 보십시오. 이삭이 자기 자신과 그 후손에 대하여 굳게 믿었던 약속은 무엇이었습니까?

   에서와 야곱은 이삭이 믿었던 이 모든 약속을 다 알았다고 간주할 수 있겠습니까?

2. 다음 구절을 살펴보십시오. 이 구절들은 이스라엘의 장자에 대하여 기록하고 있습니다. 장자에 대하여 어떤 내용이 기록되어 있습니까?

   출애굽기 22:29

   신명기 21:17

   창세기 27:18-29(여기서 이삭은 에서를 장자로 생각하고 있었음을 주목하십시오.)

3. 첫 두 문제에 대한 당신의 답을 되돌아보십시오. 에서가 자기 자신에 대하여 알고 있었던 바는 무엇이며, 장자로서 하나님의 약속 안에서 어떤 위치를 차지할 것임을 알고 있었습니까?

4. 창세기 25:29-34을 보면, 에서는 팥죽 한 그릇으로 얻는 순간의 즐거움을 위해 매우 중요한 것을 버렸습니다. 성경에서는 에서가 장자의 명분을 "경홀히" 여겼다고 기록합니다. 이 표현은 사무엘상 17:42에서 다윗을 향한 골리앗의 태도를 묘사할 때도 동일하게 사용되었습니다. 골리앗이 다윗을 어떻게 생각했는지 묵상해 보십시오. 그리고 에서가 하나님에 대하여 어떤 시야를 가지고 있었으며, 에서를 향한 하나님의 뜻이 무엇이었는지를 당신 자신의 말로 기록해 보십시오.

5. 히브리서 12:14-17을 읽으십시오. 16절에 나오는 "망령된"이란 단어는 "세속적이고 거룩하지 않다"는 뜻을 가지고 있습니다. 거룩함이란 조금도 찾아볼 수 없고 삶 전체를 볼 때에 하나님을 진정으로 의식하지 않는 사람을 묘사할 때 이 단어가 사용되었습니다. 다음 구절은 "망령됨"이 어떤 것인지에 대하여 잘 보여 주고 있습니다. 각 구절을 주의 깊게 읽고 "망령된 사람은…"이란 문장을 완성해 보십시오.

창세기 25:30-34 — 망령된 사람은…

이사야 29:13 — 망령된 사람은…

에스겔 33:30-32 — 망령된 사람은…

마태복음 23:28 — 망령된 사람은…

누가복음 12:16-21 — 망령된 사람은…

디모데후서 3:1-5(특히 5절) — 망령된 사람은…

야고보서 4:13-15 — 망령된 사람은…

6. 디모데전서 1:9에서는 "경건치 아니한"이란 단어가 "망령된"이란 단어와 함께 사용되었습니다. 이 둘의 차이는 무엇입니까? 각 단어의 의미를 간단히 기록해 보십시오.

경건치 아니한 자

망령된 자

7. "망령됨"이란 근본적으로 하나님이 계셔야 할 곳에서 하나님을 빼놓는 것을 의미합니다. 디모데후서 2:16을 기초로 하여 볼 때, 우리의 말과 행동은 어떤 관계에 있습니까?

8. "망령됨"이 쉽게 파고들 수 있는 삶의 영역 다섯 가지를 소개합니다. 각 영역에서 첫 번째 구절을 읽은 후에 망령된 영향을 받은 영역이 무엇이며 어떤 모습으로 드러나는지를 기록해 보십시오. 다음에는 두 번째 구절을 살펴보고 하나님께서 그 영역에 대하여 원하시는 태도가 무엇인지 기록해 보십시오.

영역 / 모습	하나님께서 원하시는 태도
고린도전서 6:15-20	로마서 12:1
야고보서 3:2,9	시편 71:8
신명기 8:17	신명기 8:10,18
야고보서 4:13	마태복음 26:39
디모데후서 3:2-5	골로새서 1:9-12

9. "망령됨"이 무엇이며 어떻게 드러나는지에 대하여 지금까지 이 과에서 배운 바를 되돌아보십시오. 그리스도인이 된 이후로 당신이 삶에서 내린 주요한 결정들을 돌아보고 목록을 만들어 보십시오. 하나님의 뜻을 찾으며 그 뜻에 굴복하는 가운데 내린 결정은 무엇입니까? 자세히 설명해 보십시오.

지금 생각해 볼 때 "망령된" 선택이었음을 깨닫게 된 결정을 기록해 보십시오.

10. 현재 당신의 삶에서 사실상 하나님을 무시하고 있는 영역이 있지는 않나 살펴보십시오. 잠시 시간을 내어 하나님께 자백 기도를 한 후에 하나님의 손에 이것들을 맡기며, 기도와 말씀을 통해 하나님의 인도하심을 구하십시오.

성경 암송

망령됨을 피함 - 잠언 23:26
망령됨이란? - 마가복음 7:6

추가 적용

성경에서 망령된 사람의 예로 가장 적합한 예는 아마도 예수님 당시의 종교 지도자들이었던 바리새인일 것입니다. 그들은 경건의 모양은 있었으나 경건의 능력은 부인하는 자들이었습니다(디모데후서 3:5). 예수님께서는 그들을 매우 강하게 책망하셨습니다. 마태복음 23장을 공부하면서 "망령됨"이 어떤 것인지, 그리고 하나님께서 진정으로 원하시는 것이 무엇인지를 아는 통찰력을 얻기 바랍니다. 하나님께서 당신 삶 전체를 주관하시도록 하십시오.

6. 우물가의 여인

- 일대일 사역 -

원리

예수 그리스도를 위하여 세상에 가장 효과적이고 가장 영속적으로 영향을 줄 수 있는 방법은 바로 한 사람이 또 다른 한 사람에게 계속 복음을 전달하는 것입니다. 이것은 지금까지도 그러했고 앞으로도 그러할 것입니다.

> 진정한 사랑을 가진 한 사람이 다른 사람에게 미치는 영향력은 얼마나 크고 놀라운지 모른다!　　　　　　　　　　- G. 엘리어트

관찰

예수님께서 대부분의 시간을 보내신 유대와 갈릴리 지방 사이에 자리를 잡은 한 지역이 있었는데, 사마리아라고 알려진 곳입니다. 예수님 당시에 사마리아인들은 독실한 유대인들에게 무시를 당하고 심지어는 경멸당하기까지 했습니다. 예루살렘에서 갈릴리로 가실 때 주님께서는 대부분의 유대 제사장이나 종교 지도자들과는 달리 직접 사마리아를 통과하셨습니다.

예루살렘에서 갈릴리로 가시던 어느 날 주님께서는 정오에 사마리아에 있는 한 우물에 도착하셨습니다. 대부분의 여인들이 그날 쓸 물을 긷고 떠난 다음이었습니다. 쓸쓸해 보이는 한 사람이 예수님께서 앉아 계

시던 우물에 도착했습니다. 첫째, 그 사람이 사마리아인이었다는 사실을 주목해야 합니다. 둘째, 그 사람은 여인이었습니다. 셋째, 그 여인은 부도덕한 사람이었습니다. 어느 면을 봐도 예수님께서는 그 여인을 무시할 수 있었습니다. 그러나 주님께서는 그렇게 하지 않으셨습니다. 사실, 이 만남에서 시작되는 이야기는 이 세상에서 일하시는 하나님의 방식을 놀랍게 보여 주고 있습니다. 하나님께서는 한 번에 한 사람씩, 한 사람이 또 다른 한 사람의 삶에 영향을 줌으로써 하나님의 나라를 확장시켜 가십니다.

성경 구절

요한복음 4:1-42

질문

1. 요한복음 4:7-29의 대화를 당신은 어떻게 묘사하겠습니까? 피상적입니까? 아니면 깊은 것을 다루는 대화입니까? 인격적입니까? 아니면 비인격적입니까? 이 대화 속에 나오는 내용을 기초로 당신의 생각을 설명해 보십시오.

2. 요한복음 3:1-21과 5:1-15에서 예수님께서 다른 사람들을 만나는 것을 살펴보십시오. 이들과의 만남은 우물가의 여인과의 만남과 어떤 점이 유사합니까?

3. 문제 2에 나오는 세 만남은 요한복음 5:16-18과 6:1-2의 만남과 어떻게 다릅니까?

   예수님께서 이들을 만난 후의 결과는 무엇입니까?

   개인(요한복음 19:38-39, 4:39, 5:15)

   그룹(요한복음 5:18, 6:51-66)

4. 다음 각 구절은 성공적인 사역의 예를 보여 주고 있습니다. 어떤 일이 일어났는지 기록해 보십시오.

   요한복음 1:40-42,45

   사도행전 9:27, 11:25-26

   사도행전 16:1-4

   사도행전 16:23-34

   사도행전 18:19,24-27

5. 사도 바울은 일대일 사역에서 한 걸음 더 나아가 이 사역의 전체적인 모습을 디모데에게 전달하고 있습니다(디모데후서 2:2 참조). 바울은 디모데에게 무엇을 하라고 명했으며, 이는 지금까지 공부한 것과 어떤 연관이 있습니까?

6. 바울의 삶과, 사역에 대한 그의 가르침을 묵상해 보십시오. 그는 예수님께서 명하신 바를 따라 사역을 했습니다(사도행전 20:24 참조). 이를 염두에 둘 때, 예수님께서는 마태복음 28:19-20이 어떤 식으로 성취되기를 원하신다고 당신은 생각합니까?

7. 오늘부터 당신 생애 전체를 통하여 하루에 1,000명씩 그리스도께로 인도하는 사역을 하든지, 아니면 일 년에 한 사람에게만 당신의 삶을 투자하고 그 사람이 다시 디모데후서 2:2에 나오는 것처럼 당신과 동일한 일을 하는 사역을 하게 하든지, 두 가지 사역 방법 중의 하나를 택한다면 당신은 무엇을 택하겠습니까? 왜 그렇습니까?

8. 앞 문제에서 언급한 두 가지 사역 방법을 한번 생각해 보면, 처음 방법은 복음으로 전세계 사람들을 주님께로 인도하는 데에 2,000년

이 걸립니다. 반면에 두 번째 방법은 약 30년밖에 걸리지 않습니다. 이 두 방법 가운데 대부분의 그리스도인들에게 매력을 주는 것은 어떤 것이라고 생각합니까? 왜 그렇습니까?

두 가지 사역 방법 중에서 믿음이 더욱 필요한 것은 무엇입니까? 왜 그렇습니까?

9. 현재 당신의 사역을 기도하는 마음으로 평가해 보십시오. 다음 세 가지 문구 가운데 당신의 상황을 가장 잘 표현하고 있는 것을 골라 보십시오. 1) 사역에 전혀 드리고 있지 않다. 2) "무리"에게 나아가는 일에 드리고 있다. 3) 한 사람에게 투자하는 사역에 드리고 있다. 왜 그런지 설명해 보십시오.

10. 지금 당신 주위에 있는 사람(이웃 사람, 직장 동료, 친한 친구 등) 가운데서 일 년 동안 간절히 기도하며 그의 구원과 영적 성장을 돕기 위해 하나님을 의뢰할 대상 한 명을 생각해 보십시오. 그 사람의 이름을 적어 보십시오.

당신 주위 사람들 가운데 이미 그리스도인이 된 사람을 생각해 보십시오. 앞으로 일 년 동안 당신의 시간과 삶을 투자하여, 그가 당신과 동일한 일을 할 수 있는 수준까지 영적 성장을 하도록 도울 수 있는 사람이 있습니까? 그 사람의 이름을 적어 보십시오.

11. 당신은 현재 올바르지 못한 전망 가운데 사역에 시간과 에너지를 투자하고 있을지도 모릅니다. "무리"를 대상으로 하는 사역에서 시야를 돌려 한 번에 한 사람에게 당신의 삶을 투자하는 사역으로 전환할 필요가 있을 수도 있습니다. 당신에게는 어떤 필요가 있습니까?

당신은 아직 다른 사람을 도울 만큼 충분히 "무장"되지 못했을 수도 있습니다. 당신이 영적으로 성장하여 성숙한 사역을 감당할 수 있도록 자신의 삶을 기꺼이 투자해 줄 수 있는 사람이 있습니까? 그 사람의 이름을 적어 보십시오.

성경 암송
사역의 목표 - 에베소서 4:11-13
사역의 전략 - 디모데후서 2:2

추가 적용
당신은 신약성경에서 가장 효과적인 사역을 했던 두 인물, 즉 예수님과 사도 바울이 무리가 아니라 개인에게 헌신하는 사역을 했다는 것을 알고 놀랐을 수도 있습니다. 예수님께서는 기회가 있을 때마다 무리를 대상으로 하는 사역도 하셨지만, 온 세상에 복음을 전하는 데에는 한 번에 한 사람씩 돕는 사역이 효과적이라는 것을 분명히 이해하고 계셨습니다. 4복음서 전체를 읽으면서, 예수님께서 얼마나 많은 사람을 개인적으로 만나셨으며, 그들의 삶이 변화되어 또 다른 사람들에게 어떤 영향을 끼쳤는지를 생각해 보십시오. 사도 바울도 예수님과 같은 사역을 하였습니다. 로마와 골로새의 교회들은 다른 곳에서 그리스도인이 된 개인들이 세운 것임을 주목하십시오.

7. 요나단

- 하나님 중심의 우정 -

원리

우리가 얼마나 많은 친구를 가졌는가는 하나님의 관심사가 아닙니다. 하나님께서는 우리가 하나님의 인도로 만나게 되는 사람들에게 하나님께서 원하시는 친구가 되고 있느냐에 관심을 두고 계십니다. 진정한 우정을 나누려면, 서로 정직하고 상대방에게 헌신하며, 하나님께서 그 관계의 중심을 차지하고 있어야 합니다.

> 친구는 당신을 하나님께 가까이 가게 할 수도 멀어지게 할 수도 있다.
> — J. 화이트

관찰

요나단은 이스라엘 초대 왕이었던 사울의 장자였습니다. 태어나면서부터 그는 상속권을 가지고 있었으므로 아버지를 이어 이스라엘의 왕이 될 수 있었습니다. 그는 또한 용사였고, 군사들에게 존경을 받았으며 인기도 있었습니다. 그러나 하나님의 절대주권에 따른 계획으로 말미암아 자기가 전혀 예상하지 못했던 역할을 감당해야 했습니다.

요나단의 아버지 사울이 하나님께 불순종하였기 때문에 하나님께서는 백성들을 다스리게 하려고 다른 사람을 택하셨습니다. 젊은 다윗이었습니다. 젊었던 다윗과 요나단은 나중에 한 가족이 되었을 뿐만 아니라 가장 절친하고 순수한 친구가 되었습니다. 요나단이란 이름은 "하나님의 선물"이란 의미인데, 요나단은 진정으로 다윗에게 하나님의 선물이었습니다.

요나단은 성경에서 뚜렷이 부각되는 인물입니다. 하나님 중심의 우정이란 어떤 것이며, 진정한 친구가 된다는 것이 어떤 것인지를 보여 주는 인물이었습니다.

성경 구절

사무엘상 19-20장, 사무엘상 23:7-18

질문

1. 골리앗과 싸움을 시작하기 전에 모든 사람 앞에서 한 말을 통해 다윗은 골리앗과의 싸움에 대한 그의 시야를 분명히 드러내었습니다 (사무엘상 17:26,36-37,45-47). 이 싸움 뒤에 다윗은 사울과 상당히 긴 대화를 나누었습니다. 이때 요나단은 다윗이 말하는 것을 들었을 터인데, 어떤 내용이었으리라 생각합니까? 17:57-18:1 참조.

2. 요나단의 마음이 다윗에게 끌리게 하였으며, 후에 지속적인 친구 관계의 기초가 되었던 가장 중요한 요소는 무엇이라고 생각합니까? 사무엘상 18:1 참조.

요나단 - 하나님 중심의 우정 51

3. 다윗이 왕궁에 머물고 있을 동안에 요나단이 분명히 알게 된 것은 무엇입니까? (사무엘상 18:4을 13:14, 15:28, 그리고 23:17과 비교해 보십시오.)

4. 성경에서는 요나단이 다윗을 크게 사랑했기 때문에 "다윗과 더불어 언약을 맺었고"라고 기록합니다(사무엘상 18:3). 여기서 "언약"이란 말은 양자(兩者) 사이의 매우 진지하고 강력한 연합 혹은 지지를 의미합니다. (하나님께서 노아, 아브라함, 그리고 모세와 "언약"을 맺었을 때도 이와 같은 의미를 가집니다.) 이것이 요나단에게는 무엇을 의미한다고 생각합니까? 또한 이 언약이 다윗과 요나단의 관계에는 어떤 연관이 있습니까?

5. 요나단은 참된 친구의 여러 특징을 보여 주고 있습니다. 사무엘상에서 뽑은 다음 구절에 나타난 특징을 기록해 보십시오. 각 구절을 묵상한 후에 참된 우정의 특성을 적어 보십시오.

18:1

19:1-2

19:4-5

20:34

23:16

23:17

23:18(사무엘상 23:16-18은 두 친구가 생전에 마지막으로 얼굴을 대면한 순간을 그리고 있습니다.)

6. 사무엘상 23:16에서 요나단은 다윗으로 "하나님을 힘있게 의지하게" 했습니다. 이를 위해 요나단은 무엇을 했겠습니까?

7. 하나님께서는 사람들이 서로 영향을 주고받는 것을 상당히 중요하게 생각하십니다. 다음 구절을 살펴보고, 하나님께서 당신의 친구 관계에 대하여 어떻게 생각하시는지 적어 보십시오. 신명기 13:6-10, 잠언 13:20, 고린도전서 15:33

8. 다음 각 구절에서 경건한 친구 관계에 대하여 보여 주는 주요 진리를 한 문장으로 요약하십시오. 각 문장은 "경건한 친구는…"이란 말로 시작하십시오.

출애굽기 33:11 – 경건한 친구는…

시편 119:63 – 경건한 친구는…

잠언 17:17 – 경건한 친구는…

잠언 27:17 – 경건한 친구는…

전도서 4:9-10 – 경건한 친구는…

히브리서 3:13 – 경건한 친구는…

9. 만약 친구 관계에 대한 성경의 경고를 주의하지 않는다면, 우리 삶에는 심각한 상처, 분노, 혹은 원망이 생길 수 있습니다. 다음 구절은 우리의 친구 관계에 대하여 어떤 점을 보여 주고 있습니까?

잠언 27:6

요한복음 16:32

잠언 27:8-10

신명기 31:6

10. 가장 가까운 친구 두세 명의 이름을 적어 보십시오. 문제 8에 나온 경건한 친구의 여섯 가지 특징을 살펴보십시오. "그들에게"라는 칸에는 당신이 그들과 친구로 지내면서 그들에게 이 특징들을 보인 횟수를 생각해 보고, 아홉 번마다 1점을 주어, 그 총 점수를 기록해 보십시오. "나에게"라는 칸에는 그들이 당신에게 경건한 친구의 특징을 보인 횟수를 생각해 보고, 역시 아홉 번마다 1점을 주어, 그 총 점수를 기록해 보십시오.

	그들에게	나에게
친구 1 _____	_____	_____
친구 2 _____	_____	_____
친구 3 _____	_____	_____

11. 이 과에서 당신의 친구 관계에 대하여 배운 교훈은 무엇입니까? 더

욱 발전시킬 필요가 있는 것은 무엇입니까? 추가시켜야 할 필요가 있는 것은 무엇입니까? 버려야 할 것은 무엇입니까? 가장 절친한 친구 관계에 대하여 당신이 적용한 것을 기록하고, 구체적으로 어떻게 할지도 적어 보십시오.

성경 암송

지속적인 친구 관계 - 잠언 17:17
친구 관계에 대한 경고 - 잠언 13:20

추가 적용

예수님께서는 요한복음 15:13-15에서 충성스럽게 자신을 따르던 열한 제자에게 세 번씩이나 "친구"라는 표현을 쓰셨습니다. "종"에서 "친구"로 변화하면서 핵심적인 강조점은 사랑으로 바뀝니다. 친구 사이에는 특별한 사랑이 존재합니다. 이는 그리스도인들이 다른 그리스도인들이나 원수나 세상의 다른 사람들에게 보여야 하는 폭넓고 무조건적인 사랑과는 다른 성질의 것입니다.

친구간의 사랑은 주고받는 사랑입니다. 기대하는 바를 함께 나누는 사랑입니다. 예수님께서는 요한복음 15:14에서 이 점을 분명히 하셨습니다. "너희가 나의 명하는 대로 행하면 곧 나의 친구라." 예수님께서 제자들과 친구로서 어떻게 관계를 맺으셨는가를 관찰하면서 요한복음에 나타난 예수님의 삶을 공부해 보면 풍성한 열매를 거둘 수 있을 것입니다. 그들은 서로 무엇을 기대했습니까? 기대한 대로 채워진 것은 무엇이며, 비현실적이었던 기대는 무엇인지 살펴보십시오. 예수님과 제자들의 관계는 어떻게 "쌍방향(雙方向)"이 될 수 있었습니까?

8. 마르다

- 우선 순위에 충실함 -

원리

분주함은 하나님의 대적(對敵)입니다. 활동에 빠진 삶을 살면 개인적 성취감을 느끼는 기술은 늘지 몰라도, 경건한 성품과 자질을 계발하는 것은 무시할 가능성이 높습니다. 우리는 우선 순위를 잘 지킴으로써 가장 중요한 것에 우리의 시간과 노력을 투자해야 합니다.

> 우리의 문제는 활동을 피하여 영적인 것 안에서 안식을 취하는 것이 아니라, 영적인 것을 피하여 활동 안에서 안식을 취하려는 것이다.
> — M. 퍼롱

관찰

예수님께서는 지상에 계시던 마지막 해에, 예루살렘 성에서 동쪽으로 몇 킬로미터 정도 떨어진 감람산 자락에 있는 집을 자주 방문하셨습니다. 베다니라고 불리는 이 마을에는 마르다라는 여인이 살고 있었습니다. 아마도 과부였을 것이며, 여동생 마리아와 오라비 나사로와 함께 살고 있었습니다(누가복음 10:38). 예수님의 마지막 일 년은 긴장이 가득한 시기였는데, 마르다의 가정은 주님께 매우 소중한 존재였습니다.

이 세 사람에 대한 기록은 누가복음과 요한복음에만 나올 뿐입니다. 누가는 우리들이 가족 앨범에서 흔히 볼 수 있는 모습으로 마르다를 그리고 있습니다. 가정에서 맡은 여러 가지 일 때문에 삶이 제한되어 있는 사람으로 나타나 있는 것입니다. 시간을 백만 분의 일초 단위로 측정하는 세상에서 살아가고 있는 오늘날, 마르다는 "너무 바쁜 것"이 단지 건전하지 못한 정도가 아니라 불경건하다는 것을 우리에게 알려 주고 있습니다.

성경 구절

누가복음 10:38-42(요한복음 11:1-12:11 참조)

질문

1. 누가복음 10:38을 보면, 예수님께서는 잠깐 머무시기 위해 방문하신 것 같습니다. 만약 어떤 사람이 다른 곳에 가다가 "잠시 들렀을" 때, 그에게는 융숭한 대접과 친밀한 대화 가운데 어떤 것이 더 중요하겠습니까? 왜 그렇습니까?

2. 마르다는 정말로 중요한 것을 분별하지 못했기 때문에 마리아에 대하여 분을 내었습니다. 마리아는 주위 상황이 어떻다는 것을 분명히 알고 있었습니다. 마르다의 마음속에 어떤 일이 일어나고 있었는지를 제대로 이해하는 것이 필요합니다. 그리고 우리에게 필요한 통찰력은 마르다를 묘사한 처음 몇 마디 말에 숨겨져 있다는 것도 알아야 합니다. 누가복음 10:40에서 마음이 "분주하다"고 했는데, 이는 마음이 여러 갈래로 나뉘거나 혹은 동시에 여러 가지 방향으로 마음이 끌린다는 의미를 가지고 있습니다. 이를 통해서 우리는 마르다의 활동이 한 순간의 일이 아니라 지속되었다는 것을 알 수 있습니다.

이제 누가복음 10:38-40을 다시 살펴보면서 다음 질문에 답해 보십시오.

마르다의 주요 관심은 손님이었을까요, 아니면 자기의 일이었을까요? 설명해 보십시오.

마르다는 예수님의 방문을 "기회"로 생각했겠습니까, 아니면 "부담"으로 생각했겠습니까? 설명해 보십시오.

3. 흔히들 "차선은 최선의 적(敵)이다"라고 말합니다. 마르다의 집에서 일어난 일이 어떻게 이 말을 잘 드러내어 주고 있습니까?

4. 마르다의 마음은 나뉘어 있었습니다. 하나님께서는 우리가 "일심"(시편 86:11)과 "일치한 마음"(에스겔 11:19)을 갖기를 원하십니다. 이와 연관하여 다음 구절의 핵심은 무엇입니까?

시편 23:2-4

잠언 15:16

이사야 32:17

5. 마르다의 집에 당도하시기 바로 전에 예수님께서는 제자들에게 선한 사마리아인의 비유를 말씀하셨는데, 이는 아마도 우연이 아닌 것 같습니다. 누가복음 10:30-37을 읽고 다음 질문에 답하십시오.

"종교적인" 다른 두 사람이 주기 싫어했으나 사마리아인은 기꺼이 주고자 한 것은 무엇이었습니까?

왜 사마리아인은 이렇게 할 수 있었을까요? 다른 두 사람에게는 없는 어떤 면이 사마리아인에게는 있었습니까? 그것이 무엇이라고 생각합니까?

만약 마르다와 마리아가 그 길을 지나가고 있었다면, 어떤 일이 일어났을 것이라고 생각합니까? 설명해 보십시오.

6. 최근에 당신이 누군가에게 사마리아인이 될 수 있었는데 당신의 바쁜 일정 때문에 그렇게 하지 못한 경우가 있습니까? 상황을 설명해 보십시오.

7. 만약 주님께서 오늘밤에 당신에게 전화를 하여 하루 종일 걸릴 일을 부탁하셨다고 가정해 봅시다. 당신의 일정을 지금 바로 살펴보십시오. 당신이 주님께서 부탁하신 일을 하기 위해 "자유롭게" 되려면,

주님께서는 얼마나 기다리셔야 할까요? (당신의 일정을 다시 조정하는 것은 이 문제에서 허락되지 않습니다!)

어떤 사람이 당신에게 전화를 하여 다음날 하루 종일 당신의 도움이 필요하다고 했는데, 만약 당신이 이것이 하나님의 뜻이라는 생각이 든다면 어떻게 하시겠습니까?

8. 분주함과 하나님께 유용함 사이에는 어떤 관계가 있다고 생각합니까?

9. 당신의 마음이 분주하고 나뉘어, 인간 관계에서 무시하거나 상처를 준 경우가 있습니까? 혹은, 당신 주위 사람(자녀, 동료 등) 가운데 당신처럼 살다가 마음이 분주해진 사람이 있지는 않습니까?

10. 태엽 시계는 12-13세기의 베네딕트 수도원에서 유래하였습니다. 그들은 수도원의 일상적인 일을 좀더 규칙적으로 진행시키기를 원하여 태엽 시계를 만들었습니다. 시계는 그들의 생활을 도와주는 도구였습니다. 그런데 불행하게도 오늘날 시계는 사람들을 혹독하게 부

리는 감독자가 되었습니다. 사람들은 이제 늘 시계를 보며 일을 합니다. 일을 다 마칠 때까지 시계 바늘이 멈추어 주기를 바라지만 시계 바늘은 계속 움직입니다. 해야 할 일은 끝이 없고 시간이 부족하여 늘 쫓기며 살아갑니다.

이처럼 처음에는 도움이 될 것 같아 받아들였지만, 결국에는 종이 아니라 주인이 되어 당신을 좌우하는, 또 다른 예를 생각할 수 있겠습니까? 예를 들어, 전화, 자동 응답기, 무선 호출기, 휴대 전화기, 컴퓨터 등. 한 번 나열해 보십시오. 그중에 하나를 "시험 삼아" 일주일 동안만 사용하지 말아 보십시오. 그리고는 더 바빠지는지 덜 바빠지는지 관찰해 보십시오.

11. 분주함을 줄이고 여유 시간을 확보하기 위한 3개월 계획을 세워 보십시오. 당신이 없애야 할 것은 무엇입니까? 하나님께서 이 여유 시간을 이용하셔서 당신이 그리스도를 더욱 닮아 가도록 이끌어 주시며, 경건한 성품을 삶 속에 채워 주시기를 기도하십시오.

12. 마지막으로 당신이 이 과에서 배우고 적용한 내용을 나눌 수 있는 한 사람을 생각해 보십시오. 당신이 실제 삶에서 잘 실천할 수 있도록 점검해 주고 기도해 주는 사람이어야 합니다. 누가 좋겠습니까?

성경 암송

한마음 - 시편 86:11
자기 열심을 줄임 - 전도서 4:6

추가 적용

마르다는 "균형을 잃은" 사람의 예로 자주 인용됩니다. 이 과에서는 마르다의 약점에 대하여 초점을 맞추었는데, 이는 오늘날 문화 속에서 분명히 관찰할 수 있는 것이기 때문입니다. 그러나, 마르다는 오늘날의 문화에서는 찾아볼 수 없는 강점을 가지고 있습니다. 시간을 내어 마르다의 장점을 연구해 보고, 당신의 삶에 적용할 수 있는 점을 찾아보십시오.

9. 나단

- 사랑 가운데 참된 것을 말함 -

원리

하나님 아버지께서 자녀들의 삶에 개입하여 진리를 가르치고자 하실 때, 대개는 하나님의 가족 중에서 한 사람을 택하여 사용하십니다. 하나님께서는 때로 우리를 하나님의 "대변인"으로 부르셔서 어떤 사람에게 나아가 하나님께서 하시는 말씀을 전하라고 명하실 때가 있습니다. 그럴 때 우리는 용기가 필요합니다. 그러나 그 사람에게 나아갈 때에는 사랑과 경건한 동기로 나아가야 합니다.

> 사랑은 하나 하나의 행동으로만 보면 증오로 보일 수도 있다. 우리는 핵심을 건드리지 않고 빗대어 말할 때가 있는데, 이는 우리가 재치가 있어서가 아니라 겁쟁이에 불과하기 때문이다.
> - J. 화이트

관찰

다윗의 가장 수치스런 죄는 왕궁 비밀한 곳에서 일어났습니다. 그는 다른 사람의 아내를 취하였던 것입니다. 아마도 다윗은 이에 대해 아주 크게 후회를 했을 것입니다. 이 죄는 정욕에서 시작하여, 간음과 모살(謀殺)로까지 발전했습니다. 이는 하나님께서 절대 모른 체하고 그냥 지나치실 수 없는 죄였습니다.

하나님께서는 나단이라는 선지자를 택하여 왕인 다윗의 죄를 드러내기로 하셨습니다. 나단과 만난 후 다윗의 삶과 마음에 생긴 열매는, 하나님의 인도하심을 따라 사랑하는 사람을 책망하는 것이 얼마나 큰 능력이 있는가를 잘 보여 주고 있습니다. "나단"이란 이름은 "주다"라는 의미를 가진 히브리어에서 비롯되었습니다. 때로 우리가 친구에게 줄 수 있는 가장 큰 선물은 친구의 아픈 점을 말해 주는 것인데, 이렇게 할 때에는 사려 깊은 민감함이 있어야 합니다.

성경 구절

사무엘하 11:1-12:25, 시편 51편

질문

1. 사무엘하 7:1-3, 12:24-25과 역대상 29:29을 읽고 묵상하십시오. 이 구절에 기초하여 볼 때 나단과 다윗은 단순히 알고 지내는 사이였습니까? 설명해 보십시오.

2. 사무엘하 11:1-5,14-16에 나타난 다윗의 죄를 다시 한번 읽어 보십시오. 사무엘하 12:1-14에서 다윗을 만나 다윗의 죄를 지적하기 전에도 나단이 이미 다윗의 죄를 알고 있었음을 보여 주는 증거가 있습니까? 이것이 의미하는 바는 무엇입니까?

3. 사무엘하 11:5,26-27과 12:1을 살펴보십시오. 다윗이 죄를 범하고 약

1년의 시간이 흐른 후에 나단은 다윗을 책망했습니다. 당신은 왜 나단이 좀더 일찍 다윗에게 나아가지 않았다고 생각합니까?

4. 문제 1과 3에 대한 당신의 답을 살펴보십시오. 우리가 사랑하는 사람을 책망할 때 적용되는 근본적인 원리가 여러 가지 나와 있습니다. 어떤 원리들이 있습니까?

5. 시편 51편은 나단의 책망을 받은 다윗의 "일기"를 보여 주고 있습니다. 하나님께서는 다윗이 죄를 범한 때부터 나단의 책망을 들을 때까지 다윗의 마음속에서 어떤 일을 하고 계셨음을 알 수 있습니까?

여기에서, 다른 사람의 죄를 책망하는 "올바른 시기"와 연관하여 배울 수 있는 교훈은 무엇입니까? 사무엘하 12:1 참조.

6. 다른 사람을 책망하는 것과 연관하여 우리가 자연스럽게 할 수 있는 질문은 "내가 누구를 책망해야 하며, 책망해서는 안 되는 사람은 누구인가?"라는 것입니다. 궁극적으로 우리는 나단처럼 하나님의 지시를 받아야 합니다. 성경을 보면, 다른 사람의 삶에 개입해야 할 상

황인지 아닌지를 분별할 수 있는 일반적인 원리들이 많이 나와 있습니다. 다음 구절에서 누구를, 언제, 어떻게 책망하느냐의 문제에 대하여 어떤 답을 얻을 수 있겠습니까?

잠언 26:17

마태복음 18:15-17

야고보서 5:19-20

7. 책망하는 것과 연관하여 생기는 또 다른 질문은 "왜 사랑하는 사람을 책망해야 하는가?"라는 것입니다. 이 질문을 제대로 다루지 않으면, 책망을 하지도 않을 뿐 아니라 한다고 해도 올바로 하지 못할 것입니다. 다음 구절들을 자세히 살펴보십시오. 이 "왜"라는 질문에 대하여 당신은 어떤 답을 얻을 수 있습니까?

레위기 19:17, 에스겔 33:6-8, 사도행전 20:26-27

잠언 10:17, 디도서 1:13

잠언 15:10, 야고보서 5:20

히브리서 3:12-13

8. 하나님의 말씀에 의하면, 우리에게 죄를 범한 사람에 대한 우리 자신의 책임은 무엇입니까? 마태복음 18:15-17

우리가 죄를 범한 상대방에 대해서는 우리는 어떻게 해야 합니까? 마태복음 5:23-24

9. 책망하는 상대방을 우리는 어떻게 생각해야 합니까? 잠언 27:6, 에스겔 34:16, 데살로니가후서 3:15

10. 갈라디아서 6:1-3을 보면, 우리가 사랑하는 사람이 죄를 범했을 때 어떻게 책망하는 것이 필요한가에 대하여 선명한 지침이 나와 있습니다. 이 구절을 주의 깊게 읽은 후에, 책망하는 것에 대한 올바른 지침을 기록해 보십시오.

11. 책망에 대한 반응을 통해 우리는 무엇을 분별할 수 있습니까? 잠언 9:8-9, 13:1, 23:9

12. 잠깐 시간을 내어 이 과에서 공부하고 배운 것을 복습하십시오. 당신의 답을 천천히 살펴보는 것이 좋을 것입니다. 그리고, 자신의 마음을 정직하게 살펴본 후 다음 질문에 대답하십시오.

당신이 알고 있는 그리스도인 가운데, 그가 범한 죄 혹은 "얼른 깨닫지 못하는 약점" 때문에 그 자신이나 다른 사람들에게 상처를 주고 있어서 책망해야 할 사람을 하나님께서 당신에게 보여 주신 적이 있습니까? 만약 그렇다면, 이에 대하여 어떻게 하시겠습니까?

당신은 자신의 죄나 약점에 대하여 다른 사람이 쉽게 접근하여 책망할 수 있는 사람입니까? 과거에 책망에 대하여 어떻게 반응했습니까? 믿을 수 있는 친한 친구에게 당신이 쉽게 접근할 수 있는 사람인지를 물어 보십시오. 이런 일을 할 때 하나님께 열린 마음을 유지하십시오. 어찌 보면 그 자체가 이미 당신이 어떤 사람인지를 드러내 준다고 할 수 있습니다.

배우자가 아닌 사람 가운데 지금 당장 당신에게 "나단"이 되어 줄 수 있는 사람이 있습니까? 만약 없다면, 이런 사람을 보내어 주시도록 기도하며 찾는 시도를 하면 어떻겠습니까? 누가 그런 역할을 해 줄 수 있겠습니까?

성경 암송

책망의 필요성 - 히브리서 3:12-13
책망의 목적 - 갈라디아서 6:1

추가 적용

성경에는 수많은 책망의 예가 나와 있습니다. 다른 것에 비해 상세히 기록된 것도 있는데, 관심을 가지고 살펴본다면 책망에 대하여 많은 통찰력을 얻을 수 있을 것입니다. 몇 가지 예를 들겠습니다.

* 사무엘과 사울(사무엘상 15장)
* 예수님과 베드로(마가복음 8:27-33)
* 바울과 베드로(갈라디아서 2:11-21)

10. 바울

- 양심에 거리낌이 없는 삶 -

원리

우리는 양심을 보호하고, 살찌우며, 주의해야 합니다. 우리의 삶의 도덕적 방향타(方向舵)인 양심은 우리를 파멸로 이끌 수도 있고 파멸에서 건질 수도 있습니다.

> 수치심은 사람을 두려워하는 데서 생기고, 양심은 하나님을 두려워하는 데서 생긴다.   - S. 존슨

관찰

신약성경의 4분의 1은 한 사람에 의해 기록되었습니다. 우리는 그가 바울임을 알고 있습니다. 그가 기록한 편지들과 그의 지칠 줄 모르는 수고가 기록된 사도행전을 통하여, 우리는 그가 보기 드문 열정의 소유자이며, 사역에 헌신된 사람임을 알 수 있습니다.

그러나 또한 바울의 삶에서 그리 부각되지 않은 특성이 있는데, 이는 현대 사회를 사는 우리에게 상당히 중요한 의미가 있는 것입니다. 그는 양심의 소리를 듣고 따르는 일에 아주 분명한 확신을 가지고 있었습니다. 그리스도께 돌아오기 전 초대 교회를 심하게 핍박했던 자신의 경험과 돕던 사람들의 도덕적 실패를 통해, 바울은 우리 안에서 들려오는 고요하고 세미한 하나님의 음성을 무시할 때 생기는 비참한 결과를 잘 알

고 있었습니다. 신약성경에 "양심"이란 말이 거의 30여 차례 나오는데, 그중 3분의 2가 바울의 말이나 편지에 나오는 이유가 여기에 있지 않나 생각됩니다.

성경 구절

사도행전 7:54-8:3, 사도행전 9:1-19

질문

1. 바울의 회심은, 예루살렘과 그 주위에 있는 그리스도인들을 핍박하던 일 다음에 이어 일어납니다. 그때는 그를 사울이라고 불렀습니다. 다음에 소개된 구절을 읽고, 바울이 보고, 듣고, 행한 바에 대하여 묘사해 보십시오. 사도행전 7:57-8:1, 22:20 참조.

    사도행전 8:3, 9:1

    사도행전 22:19

    사도행전 26:9-11

2. 이제 사도행전 26:1-23에 나오는 바울의 구원 간증을 읽어 보십시오. 사도행전 26:14에서 바울은 다메섹으로 가던 길 위에서 회심할 때 예수님께서 그에게 말씀하신 중요한 내용을 소개하고 있는데, 이는 이전 간증(사도행전 22:6-7)에서는 언급되지 않았던 내용입니다. 그것은 무엇입니까?

3. 사도행전 26:14에서 "뒷발질"이란 말은 끊임없이 발뒤꿈치로 뒤를 차는다는 의미입니다. "가시채"는 소를 모는 데 사용하던 뾰족한 막대기였습니다. 문제 1에 대한 당신의 답을 기초로 하여 볼 때, 예수님께서는 무엇을 가리켜 "가시채"라고 하셨습니까?

주님께서는 바울이 "가시채를 뒷발질하고 있다"고 말씀하셨는데, 이는 어떤 의미라고 생각합니까?

당신 자신의 말로 예수님께서 실제로 바울에게 말씀하신 바를 기록해 보십시오.

4. 이를 통해, 그날 바울이 그렇게 "빨리" 예수 그리스도께로 돌아오게 된 것에 관하여 우리가 얻을 수 있는 통찰력은 무엇입니까?

5. 사도행전 26:9과 23:1의 바울의 말을 비교해 보십시오. 그의 양심은 전적으로 신뢰할 만한 것이었습니까? 설명해 보십시오.

6. 바울은 성경의 다른 어떤 저자들보다도 더 많이 양심에 대하여 기록했습니다. 그는 양심의 다양한 상태를 묘사하기 위하여 상당히 많은 표현을 사용하였습니다. 다음 구절을 살펴보고, 바울이 어떤 종류의 양심을 언급하고 있는지를 기록해 보십시오. 그리고 왜 그렇게 되었을까도 기록해 보십시오.

디도서 1:15

디모데전서 4:1-2

고린도전서 8:9-12

7. 사도행전 24:16에서 바울은 자기의 양심을 지키기 위한 선명하고도 확고한 헌신을 표현하고 있습니다. "힘쓴다"라는 말이 모든 노력과 방법을 지속적으로 사용한다는 의미를 가지고 있다는 것과, 바울이 자기의 양심을 표현할 때 "거리낌이 없다"는 말을 사용한 것을 주목해 보십시오. 바울이 이런 양심을 가지기 위해 "힘쓴다"고 말했을 때, 그 의미는 무엇이라고 생각합니까? 바울이 무엇을 하고 있음을 미루어 알 수 있겠습니까?

양심에 "거리낌"이 있게 할 수 있는 것은 무엇이며, 어떻게 할 때 그런 일이 생깁니까?

8. 히브리서 5:11-14은 양심과 연관하여 적용할 수 있는 귀중한 교훈을 담고 있습니다. 몇 차례 주의 깊게 읽은 후 다음 질문에 답하십시오.

건강한 양심의 원천은 무엇이라고 생각합니까? 어떻게 건강한 양심을 계발할 수 있습니까?

건강한 양심을 가진 사람은 어떤 사람입니까?

건강치 못한 양심을 가진 사람은 어떤 사람이라고 말할 수 있습니까?

9. 예수님께서는 누가복음 16:10에서 양심을 계발하거나 무너뜨리는 것에 다 적용될 수 있는 일반적인 원리를 말씀하십니다. 양심과 연관하여 예수님께서 이곳에서 말씀하시는 바는 무엇입니까?

10. 바울은 디모데전서 1:18-19에서 양심을 살찌우고, 보호하고, 주의하지 않을 때의 결과를 그리고 있습니다. 바울이 여기서 말하고 있는 바는 무엇입니까?

11. 문제 6-9에 대한 당신의 답을 다시 읽어 보십시오. 이 과의 공부를 통해 배운 내용을 기초로 할 때, 자신의 양심에 어떤 "점수"를 주겠습니까? 이를 통해 당신의 양심이 약한지 강한지를 알 수 있습니다. 아래의 여러 표현 가운데 해당되는 것에 모두 표시하십시오.

강한 양심	약한 양심
☐ 깨끗하다	☐ 더럽다
☐ 민감하다	☐ 마비되었다
☐ 거리낌이 없다	☐ 떳떳치 못하다
☐ 훈련되었다	☐ 훈련되지 못했다
☐ "단단한 음식"을 먹는다	☐ "젖"이나 먹는다
☐ 작은 일에 충성되다	☐ 작은 일에 충성되지 못하다
☐ 큰 일에 충성되다	☐ 큰 일에 충성되지 못하다

12. 문제 11에서 한 자기 평가를 다시 살펴보십시오. 바울에 의하면, 당신의 양심을 무시하는 것은 파멸에 이르는 계획을 세우는 것과 같습니다. 예수님께서는 조그만 일에서 양심을 거스르면 더욱 큰 타협에 이르게 된다고 하셨습니다. 다음 영역에서 당신이 양심을 더럽히거나 거스른 경우가 있습니까? 만약 그렇다면 어떻게 했습니까?

☐ 생각(정욕, 시기심 등)
☐ 재정
☐ 직장(외출, 공금, 전화 사용 등)
☐ 가정
☐ 법규(제한 속도, 세금 등)
☐ 여가 시간
☐ 이성 관계(감정, 데이트 등)
☐ 친구와의 관계
☐ 배우자와의 관계(정직 등)
☐ 기분 전환(오락, 텔레비전, 영화, 컴퓨터, 독서 등)

☐ 남용(술, 담배, 마약 등)
☐ 교회 활동

13. 바울은 자기의 모든 힘을 다하여 깨끗한 양심을 유지하기 위하여 애를 썼다고 말합니다. 당신의 양심을 위해서 당신은 무엇을 할 필요가 있습니까? 깨끗한 양심을 유지하기 위한 당신의 계획을 기록해 보십시오. 그리고 건전하고 강한 양심으로 살찌우기 위하여 무엇을 할 수 있겠습니까?

깨끗한 양심을 유지하기 위하여 해야 할 일 −

양심을 살찌우기 위하여 해야 할 일 −

성경 암송

건강한 양심의 기초 − 히브리서 5:14
깨끗한 양심을 유지하기 위한 노력 − 사도행전 24:16

추가 적용

양심을 깨끗케 한다는 것은 과거에 당신의 양심을 더럽혔던 자신의 행동들을 다시는 기억하지 않는다는 의미는 아닙니다. 바울은 이를 잘 알고 있었습니다. 다음 구절들에서 양심과 기억의 관계를 살펴보십시오.

* 고린도전서 4:3-4
* 디모데전서 1:14-16
* 디모데전서 1:13
* 고린도전서 15:8-10

11. 요셉

- 성적 유혹에 대한 대처 -

원리

우리의 성적 욕구가 하나님께서 정해 주신 경계선을 넘어 생각, 말, 행동을 지배하도록 허용하면, 자신의 파멸에 이르는 가장 확실한 처방을 내리는 것과 같습니다. 성적 유혹과 타협하지 않는 것은 영적으로 매우 중요합니다.

> 순결함을 열정적으로 사랑해야만 순결치 못한 것에서 벗어날 수 있다.
> — W. 바클레이

관찰

창세기의 4분의 1이상이 요셉의 생애를 다루고 있습니다. 야곱의 아들이었던 요셉은 항상 주목과 관심을 받는 사람이었습니다. 자기 집에서도 그랬고, 애굽의 감옥에 갇혔을 때에도 마찬가지였습니다.

그는 올바른 것을 굳게 붙들고 섰기에 끝까지 넘어지지 않는 삶을 살았습니다. 그리고 올바른 것에 헌신된 사람들은 종종 그들 영혼의 대적, 즉 사탄의 공격 목표가 되는 것을 발견하곤 합니다. 요셉은 다른 사람을 비난하고자 하는 유혹, 쓴뿌리를 가지고 원망하고자 하는 유혹을 뚫고 나아갔습니다. 그러나 모든 시험 가운데 가장 어려웠던 것은, 매일 맞이하는 너무도 익숙한 환경 속에서 다가오는 유혹이었습니다. 평범한 일상 생활이야말로, 겉으로 보기에는 아무 문제가 없는 편안한 상황 같지만, 사실은 위험이 가득한 영적 전쟁터입니다. 그중에서도 우리가 매일 만나는 사람들, 특히 이성과의 관계에서 거기에 감정이 개입되기 시작하면 그것은 점차적으로 유혹의 불씨로 발전합니다. 그리고 성적 유혹이 이를 부추기면, 이 유혹의 불씨는 활활 타오르게 됩니다. 이는 남자나 여자, 과거나 현재나 다르지 않습니다. 그런데 요셉은 바로 이 유혹을 이겼습니다.

성경 구절

창세기 39:1-23(창세기 37장을 배경으로 참조)

질문

1. 이 유혹의 배경이 특히 중요합니다. 창세기 39:1-6을 읽고, 요셉의 삶은 어떠했는지를 간단히 묘사해 보십시오.

2. 창세기 39:7에서 보디발의 아내가 요셉에게 "눈짓"을 했다고 했는데, 이는 의도적으로 요셉에게 눈길을 주는 노력을 했다는 의미입니다. 또한 이런 행동을 지속적으로 했다는 의미도 담겨 있습니다. 보디발의 아내와 요셉의 마음 가운데는 어떤 일이 일어났으리라 생각합니까?

3. 이 유혹을 단계적으로 살펴봅시다. 다음 구절은 창세기 39장에서 뽑은 것인데, 보디발의 아내와 요셉에 대한 정보를 얻을 수 있습니다. 각 구절을 천천히 읽으며, 보디발의 아내와 요셉이 무엇을 하고 무엇을 하지 않았으며, 무슨 말을 하고 하지 않았는지를 기록해 보십시오.

성경 구절	보디발의 아내	요셉
7절상		
7절하-9절		
10절상		
10절하		
11절		
12절		

4. 창세기 39:8-9을 살펴보십시오. 이 유혹 가운데서도 요셉이 그 어떤 것보다 분명히 확신하고 있었던 것은 무엇입니까? 이것이 결과에 어떤 영향을 미쳤으리라고 생각합니까?

5. 보디발의 아내의 다양한 "음모"에 어떻게 반응할지에 대하여 요셉이 사전에 마음에 결단했으리라고 생각합니까? 아니면 단지 유혹에 닥쳐서 그런 반응을 보였다고 생각합니까? 설명해 보십시오.

6. 요셉은 창세기 39:12에서 보디발의 아내에게 "말"로 응답하려는 어떤 시도도 하지 않았습니다. 왜 요셉은 아무 말도 하지 않았습니까?

7. 사무엘하 11:1-4을 읽은 후에 문제 3에 대한 당신의 답을 살펴보십시오. 그리고는 다음 질문에 대답하십시오.

   가. 이 두 상황은 어떤 면에서 비슷합니까?

   나. 이 두 사람의 반응은 어떻게 달랐습니까? (될 수 있는 한 많은 차이점을 찾아내십시오.)

요셉의 반응	다윗의 반응

8. 성적 유혹에 대한 이 두 사람의 반응의 결과는 무엇이었습니까? (창세기 39:11-23과 사무엘하 11:5-17을 읽어 보십시오.)

9. 다음 구절은 성적 유혹과 성적 범죄에 대하여 직접적으로 혹은 간접적으로 다루고 있습니다. 각 구절을 지금까지 공부한 내용에 비추어 보면서 읽고, 성적 유혹에 직면했을 때 따를 수 있는 "지침"을 각각 한 문장으로 작성해 보십시오.

구절	지침
욥기 31:1	
잠언 6:25	
마태복음 5:27-30	
고린도전서 9:27	
디모데전서 5:1-2	

10. 고린도전서 6:18-20, 7:2-5, 그리고 7:8-9을 찾아보십시오. 성적 유혹과 성서적인 성의 개념에 대하여 어떤 원리를 발견할 수 있습니까?

11. 시편 101:3, 마태복음 5:19, 마태복음 6:22-23, 그리고 베드로전서 2:11은 성적 유혹의 근원과 영향, 그리고 그로 인한 갈등에 대해 잘 보여 주고 있습니다. 이 구절을 읽고 배운 바를 기록해 보십시오.

가. 근원

나. 영향

다. 갈등

12. 잠깐 시간을 내어 당신의 삶을 정직하고 진지하게 살펴보십시오. 성적 유혹과 범죄와 연관된 모든 영역에서, 당신의 확신과 실제 행동을 생각해 보십시오. 당신 자신을 1("전혀" 혹은 "절대로")에서 10("매우 많이" 혹은 "항상")까지 점수를 주어 당신의 삶("유혹하는 자" 또는 "유혹받는 자"로서)이 현재 어떤 상태에 있는지 평가해 보십시오.

　　___ 나는 텔레비전 프로그램이나 영화를 신중하게 선택한다.
　　___ 나는 읽을 책을 신중하게 결정한다.
　　___ 나는 광고나 잡지를 신중하게 선택하여 본다.
　　___ 나는 더러운 말을 하지 않는다.
　　___ 나는 신체적 매력을 드러내는 데 신중을 기한다.
　　___ 나는 다른 사람을 깨끗한 동기로 대한다.
　　___ 나는 단정한 옷차림에 신경을 쏟다.
　　___ 나는 유혹이 강한 장소는 피한다.
　　___ 나는 유혹이 점차 강해지는 장소는 떠난다.
　　___ 나는 순결치 못한 자신의 내적 충동을 알고 주의하고 있다.
　　___ 나는 어떤 생각을 하는가에 아주 주의를 기울인다.

13. 문제 12의 자기 평가를 살펴보십시오. 깊은 관심을 기울여야 할 영

역 두 가지를 선택하여 아래에 기록하십시오. 그리고 당신이 해야 할 것이 무엇이며, 이를 언제 어떻게 행하고, 진행 과정을 나눌 수 있으며 당신을 점검해 줄 수 있는 사람은 누구인지 기록하십시오.

영역 1	영역 2
무엇을 해야 하나	무엇을 해야 하나
언제 시작하나	언제 시작하나
어떻게 시작하나	어떻게 시작하나
점검해 줄 수 있는 사람은	점검해 줄 수 있는 사람은

성경 암송

악한 것을 피함 — 시편 101:3
선한 것을 생각함 — 빌립보서 4:8

추가 적용

성경에는 성적 욕구를 잘 절제하거나 유혹을 이겨낸 인물들이 많습니다. 그들의 삶을 공부함으로써 통찰력을 더 얻을 수 있을 것입니다. 시작할 수 있도록 몇 명을 소개합니다.

* 요셉(마리아의 남편) — 마태복음 1:24-25
* 우리아(밧세바의 남편) - 사무엘하 11:8-13
* 보아스 — 룻기 3:6-13
* 욥 — 욥기 31:1-12

12. 다니엘

- 위기 상황에서도 믿음을 지킴 -

원리

확신은 우리의 목숨이라도 바칠 수 있는 진리를 말합니다. 확신은 우리의 모든 삶의 보이지 않는 기초이며, 우리의 모든 삶은 거기에 의지하고 있습니다. 확신이 시험을 받으면, 우리가 진정으로 믿고 있는 바가 무엇이며 얼마나 믿고 있는가가 드러납니다.

> 사람은 편하고 쉬울 때 어디에 있느냐가 아니라 도전과 반대가 있을 때 어디에 있느냐에 의해 평가된다.   - 마틴 루터 킹

관찰

주전 6세기경 바벨론 왕국은 애굽을 정복하고 전세계의 "헤비급 챔피언"이 되었습니다. 바벨론의 느부갓네살 왕은 유프라테스 강 유역에서 북아프리카까지 이르는 광대한 영토를 다스렸습니다. 느부갓네살 왕은 유다에 대한 1차 침공시 유망한 유대 청년들을 수도인 바벨론으로 데려왔습니다.

  그들 가운데 하나님의 영원한 드라마에서 다음 시대의 주인공이 될 젊은이가 있었으니, 바로 다니엘입니다. 다니엘의 삶은 견고한 확신이 실제로 무엇으로 구성되어 있으며, 하나님을 사랑하는 사람의 삶에서 어떻게 이 확신이 표현되는지를 잘 보여 주는 선명한 예가 됩니다. 다니

엘의 삶은 "우리가 하나님께 소중한 것을 얻으려면 값을 많이 치러야 한다"는 사실을 잘 보여 주고 있습니다.

성경 구절

다니엘 1,3,6장

질문

1. 바벨론에는 거의 40개 이상의 이방 신전이 있었습니다. 느부갓네살 왕은 자기를 섬기도록 하기 위해 광대한 제국의 각 곳에서 젊은이들을 모아들였습니다. 우리는 다니엘 1:6-7에서 유대에서 온 네 명의 젊은이들의 히브리식 이름이 바뀐 것을 볼 수 있습니다. 그들의 이름은 그들이 믿는 하나님에 대하여 드러내고 있었기 때문입니다. 새로운 이름이 주어졌는데, 이는 갈대아 지방의 신들에 대한 충성을 맹세하는 의미가 들어 있었습니다. 이상의 모든 것을 고려해 볼 때, 바벨론으로 온 이 젊은이들이 그들의 믿음과 여호와 하나님께 대한 헌신의 영역에서 어떤 도전과 유혹을 받았을 것이라고 생각합니까?

그들이 당한 환경과 같은 상황을 오늘날 찾는다면 어떤 것이 있겠습니까?

2. 다니엘은 바벨론에 살면서도 삶의 기초가 전혀 약화되지 않았는데, 다니엘 1:8을 통해 이 사실을 아주 선명하게 알 수 있습니다. 이 구

절에서 핵심 단어는 무엇이며, 실제적으로 이 단어는 무엇을 뜻하고 있습니까?

이 구절에서 다니엘에 대하여 추측할 수 있는 것은 무엇입니까?

3. 다니엘은 음식물을 통해 그의 확신에 대한 첫 번째 시험을 받았습니다. 틀림없이 다니엘과 그의 친구들은 구약의 율법에 맞지 않는 음식물이 포함된 식사를 하라는 요구를 받았을 것입니다. 심지어 그 도시에 있던 이방 신들에게 제물로 드려졌던 음식물도 식사에 포함되어 있었을 것입니다. 다니엘이 자기에게 권세를 가지고 있었던 불신자들 앞에서 어떻게 자기의 확신을 유지할 수 있었는지 자세히 살펴보십시오(1:8-16). 다니엘은 어떻게 불필요한 갈등을 피하면서도 자기의 확신을 유지할 수 있었습니까?

다니엘의 요청을 처음에는 거절했던 사람들이 결국에는 받아들였는데, 당신은 이 사건을 어떻게 설명할 수 있겠습니까?

이 사건을 통해 우리의 확신을 지키며 살아가는 삶에 대하여 어떤 원리를 배울 수 있겠습니까?

4. 메대 사람 다리오 왕이 다스릴 즈음(5:30-31), 다니엘은 여든이 넘었습니다. 다니엘 6:3-5을 통해 우리는 다니엘의 마음과 생활의 참모습에 대하여 많은 통찰력을 얻을 수 있습니다. 가장 두드러진 모습은 무엇입니까?

   다니엘 6:3-4

   다니엘 6:5,16

   다니엘의 확신 있는 삶에 대하여 사람들은 다양한 반응을 보였습니다. 어떤 것이 있었습니까?

   이 사건을 통해 확신을 갖고 사는 사람에 대하여 배울 수 있는 원리에는 무엇이 있습니까?

5. 다니엘은 노인이 되어서 가장 혹독한 시련을 겪었습니다. 6:6-28을 읽으십시오. 다니엘의 대적들은 왕의 조서에 대하여 다니엘이 어떤 반응을 보이는 것을 보았습니까?

6:10은 매우 중요합니다. 이 구절에서 다니엘에 대하여 배울 수 있는 바는 무엇입니까?

다니엘 9:1-2을 찾아 읽어 보십시오. 시편 119:109-112과 열왕기상 8:46-51에 비추어 볼 때, 다니엘의 영적 삶에 대하여 알 수 있는 사실은 무엇입니까?

이 요소가 확신을 형성하는 데에 어떤 역할을 합니까?

6. 다니엘의 주목할 만한 성품을 묘사하는 단어로는 "확신"이 있습니다. 신약성경을 통하여 우리는 "확신"이란 한 가지 생각으로 가득 차거나, 그 생각을 항상 가지고 있는 것을 의미함을 볼 수 있습니다. 바울은 어디를 가나 항상 가지고 있었던 "한 가지 생각"이 있었습니다. 그것은 무엇입니까? 빌립보서 3:10-11, 고린도전서 2:2 참조.

다윗의 "한 가지 생각"은 무엇이었습니까? 시편 27:4 참조.

다니엘의 "한 가지 생각"은 무엇이라고 생각합니까?

당신은 "한 가지 생각"이 있습니까? 만약 있다면, 무엇입니까?

7. 성경에서는 "헌신"과 "확신"이 약간 차이가 있습니다. 헌신은 주로 말로 표현됩니다. 우리가 그렇다고 말하거나 주장하는 것입니다. 반면에 "확신"은 말보다는 행동으로 표현되는 경향이 있습니다. 확신으로 말미암아 우리는 행동을 하게 됩니다! 우리는 확신을 따라 사는 경향이 있으며, 우리가 헌신하는 것에 대해서는 단순히 말로만 할 경우가 많습니다. 베드로의 삶은 헌신과 확신의 차이를 보여 주는 좋은 예입니다. 그는 예수님의 부활 전에 여러 차례의 "헌신"을 하였습니다. 그러나, 그 헌신을 따라 살아가지는 않았습니다. 아래에 그중 몇 가지를 소개합니다. 베드로는 자기가 무엇을 믿는다고 했습니까?

마태복음 26:33

마태복음 26:35

여러 해가 지난 후에 두 서신서를 기록할 즈음, 베드로는 많은 확신을 가지게 되었습니다. 그는 이를 정직하게 믿었습니다. 다음 구절이 그 가운데 몇 가지를 보여 줍니다.

베드로전서 1:13

베드로전서 3:15

베드로전서 5:8-9

베드로가 이 확신을 계발하는 데 있어서 어떤 책임이 있었다고 생각합니까?

8. 다음 목록을 살펴보십시오. 각 그룹에서 세 개 이상의 개념을 택하여 그 영역에서 당신이 믿는 바를 기록하여 보십시오.

그룹 1	그룹 2
그리스도의 주재권	직업
제자의 도	결혼
거룩한 삶	자녀
복음 증거	봉사
기도	소유물
하나님의 말씀	돈
청지기 직분	이혼

9. 이제 위에 기록한 확신 가운데, 정직한 마음으로 생각해 볼 때 당신이 그 확신을 따르기 위해 기꺼이 죽을 수 있는 것은 무엇입니까? 당신이 진리라고 믿고 너무나 중요하다고 생각하는 것이 있는데, 이것을 지키기 위해서는 죽음을 택해야 한다면 당신은 무엇을 택하겠습니까? 이런 확신에 "√" 표시를 하십시오.

10. 문제 8과 9에 대한 당신의 답을 살펴보십시오. 목숨을 드릴 만한 가치가 있는 것이라면 또한 이를 위해 살아갈 수도 있습니다. 당신의 삶은 이런 확신이 드러나고 있습니까? 어떤 영역이 단지 말뿐인 "헌신"에 불과합니까? 진정한 확신이라고 할 수 있는 것 옆에 "*" 표시를 하십시오.

11. 다니엘의 확신은 성경 말씀과 기도로 하나님과 성실하게 교제를 지속함으로써 유지되었습니다. 그의 확신은 단순히 하나의 의견이나 주장이 아니었습니다. 문제 8과 9에 대한 당신의 답 가운데 성경에 기초한 것은 몇 개나 됩니까? 하나님의 말씀과 일치하는 것이라고 확신하는 것 옆에 모두 "☆" 표시를 하십시오.

12. 다시 한번 문제 8과 9에 대한 당신의 답을 살펴보십시오. "*" 표시와 "☆" 표시가 동시에 되어 있는 것은 몇 개나 됩니까? 이 과에서 당신의 헌신과 확신에 대하여 살펴보았는데, 이를 통해 자신에 대하여 알게 된 것은 무엇입니까?

13. 다른 방식으로 살라는 압력과 유혹에도 불구하고, 다니엘이 하나님께 대한 참된 마음을 유지할 수 있었던 것은 부분적으로는 동일한 확신을 가진 세 명의 친구가 있었기 때문이라고 할 수 있습니다. 당신의 삶에서 "다니엘의 친구"와 같은 역할을 하는 사람이 있습니까? 당신의 삶에서 느부갓네살 왕을 충동질했던 "신하들"과 같은 역할을 하는 사람은 누구입니까? 당신이 강화시켜야 할 관계는 무엇이며, 멀리해야 할 관계는 무엇입니까?

성경 암송

확신의 기초 - 시편 16:8
확신의 필요성 - 에베소서 4:13-14

추가 적용

다니엘서를 통해 우리는 다니엘의 세 친구 하나냐, 미사엘, 아사랴의 확신 있고 능력 있는 삶에 대하여 더 많은 교훈을 배울 수 있습니다. 다니엘서를 다시 공부하면서 특히 3장을 주목하십시오. 그들은 자기들의 견고한 확신에 대하여 매우 의미 심장한 말을 했습니다. 우리도 역시 이 확신 위에 견고히 서서 흔들리지 말아야 합니다.

본 출판사의 서면 허락 없이는 본서의 전부 또는
일부의 무단 복제, 또는 원문에 대한 무단 번역을 금합니다.

견고하며 흔들리지 말며

초판 1쇄 발행: 1999년 12월 1일
초판 9쇄 발행: 2025년 4월 10일

펴낸곳: 네비게이토 출판사 ⓒ
주소: 03784 서울시 서대문구 연희로 16 (창천동)
전화: 334-3305(대표), 334-3037(주문) FAX: 334-3119
홈페이지 http://navpress.co.kr
출판등록: 제10-111호(1973년 3월 12일)

ISBN 978-89-375-0235-4 03230